从《论语》学做人

CONG LUNYU XUE ZUOREN

任志杰　著

东北师范大学 出版社

NORTHEAST NORMAL UNIVERSITY PRESS

长　春

图书在版编目（CIP）数据

从《论语》学做人 / 任志杰著. —长春：东北师范
大学出版社，2024.2
ISBN 978 - 7 - 5681 - 9354 - 2

Ⅰ. ①从… Ⅱ. ①任… Ⅲ: ①《论语》–人生哲学–
通俗读物 Ⅳ. ①B222.2–49

中国版本图书馆CIP数据核字（2022）第173263号

□责任编辑：吴永彤　□封面设计：刘思逊
□责任校对：王　迪　□责任印制：许　冰

东北师范大学出版社出版发行
长春净月经济开发区金宝街118号（邮政编码：130117）
电话：0431—85690289
网址：http://www.nenup.com
东北师范大学音像出版社制版
三河市九洲财鑫印刷有限公司印装
三河市黄土庄镇灵山大口
2024年2月第1版　2024年2月第1次印刷
幅面尺寸：170mm×240mm　印张：12.75　字数：182千

定价：78.00元

前　言

有人说现在的社会利益至上、诚信缺失、信仰荒芜、道德沦丧，每个人的欲望被无限放大。现实似乎进入了一个谁也改变不了的恶性循环中，人人都渴望善良、诚信、互助、友爱的生活环境，但人人又都不愿为此而承担利益的损失。这样，人们内心的期望与外部的现实形成了不小的差距，人们便在抱怨、牢骚、无奈中过着痛并快乐的生活。

探究根源，解决上述问题的唯一途径是教育。教育要为立德树人服务，若教育出现利益的偏颇或技术的局限，则必然显现人文道德的问题，而中华优秀传统文化经典之作《论语》是解决上述问题的有效教材，也是立德树人的至上宝典。

站在这个角度上，借鉴古圣先贤的智慧，融合现代知识的优势，结合个人生活的体会，探究道理之间的汇通，辨析各类思潮的善恶，作者撰写《从〈论语〉学做人》，确有事功利益的驱使，更有传播文化、宣扬正义、教化人心的初衷。本书只引用《论语》中的部分篇章，阐述了做人与里仁、做人与孝悌、做人与为政、做人与名位、做人与言行、做人与学习、做人与富贵、做人与礼乐等八个方面的思想。这些观点都是贯彻圣人的思想，若有不足、不到、不精之处，实属作者格物不精、义理不明，不希望因此而影响人们对圣贤经典的钟爱。

本书的鲜明特点有两处。其一是每篇前言都认真仔细地阐述了本章主题思想的缘由，均依人性而发、一以贯之。其二是每章都有"感悟做人"，用通俗的语言和案例说明对做人的启示。

发展总是以螺旋上升、波浪发展的方式前进着。近些年，中华优秀的历史文化开始复兴，从国家到民间，从知识分子到普通民众，各类国学培训班、读书会、学堂、书院如雨后春笋般蔓延开来。尤其党的十八大以来形势更是一片大好，2014年3月教育部印发了《完善中华优秀传统文化教育指导纲要》，各类大中小学校积极行动起来，为落实社会主义核心价值观和塑造中华民族的精神家园而认真工作。希望本书也能在中华优秀传统文化创新性发展、创造性转化、立德树人和培养中国特色社会主义核心价值观方面尽绵薄之力。

任志杰

2022年1月

目　录

第一篇

做人与里仁

【前言】

什么是人？

什么是人？这个问题似乎太过简单了，简单到无须回答的地步。假如贸然去问别人"什么是人"，人家一定会以为发问者有精神问题。然而，众所周知，看似最简单的问题往往是最复杂，也是最重要的问题。什么是人？哲学家、动物学家、社会学家、心理学家都对其进行了不同角度的定义，但没有人敢说自己的定义是全面而无误的，否则今天就不会再有人问这个问题了。

翻开《现代汉语词典》（第7版），对人的解释是："能制造工具并能使用工具进行劳动的高等动物。"事实真是这样吗？那么假如有其他的动物也会制造工具，也会熟练使用工具，是不是就可以成为"人"呢？随着现代科学技术对动物的深入研究，人们发现，一些动物也会制造简单的工具，并熟练使用工具，只是不能制造复杂工具而已。在一个试验中，研究人员先在桌上放了一个装有一小桶蠕虫的试管，试管很深，乌鸦无法直接用嘴吃到，试管的旁边放了一截足够长的笔直的铁丝。录像记录显示，乌鸦在发现无法直接吃到蠕虫后，立即将目光投向了一旁的铁丝，它们用嘴叼住铁丝伸入试管中，然后再用嘴叼住铁丝的一头，折成弯曲的钩子，最后再用嘴叼着铁丝的另一头，将钩子伸入试管内将小桶钩出。结果表明，属于鸦科的秃鼻乌鸦具有一定的先天智慧，它们主动思考解决问题、使用工具的能力高于被动接受事物或从失败中取得经验的能力。在熟练使用工具方面，动物界更是高手如云，熟练使用工具者比比皆是。可见，用制造和使用工具来定义人、区分人与动物是不全面的，也是不准确的。

放下"人是上帝创造"的宗教学说，地球上的一切生物都是由低级向高级进化，都是由简单向复杂进化的，而人是目前所知的生物进化的最高端，在人的身上一定具有其他动物所不具有的特质。这些特质是什么呢？

有研究表明，人类从类人猿进化为现代意义的人，历时约400万年，晚期智人距今4万年左右。若从时间轴上做一个简单的计算，（4/400）×100%=1%，人脱离猿在进化的时间轴上只有1%的分量。换句话而言，在人的身体和基因中，99%都是具有猿的动物本能，仅仅只有1%是人真正成为"人"的独有特质。那么，这1%的独有特质是什么呢？

让我们从中华传统文化的视角来看看古圣先贤是如何说的。

《孟子·离娄下》中，孟子曰："人之所以异于禽兽者几希，庶民去之，君子存之。"翻译过来就是："孟子说：'人区别于禽兽的特质只有很少一点点，一般的人丢弃了它，君子保存了它。'"在这里，孟子客观地承认了人与禽兽的差别很小很小，若不注意保存、维持这个很小的差别，人则与禽兽无异。君子之所以为君子就是因为人保存了这"很小很小"的特质。

《孟子·公孙丑上》中，孟子曰："无恻隐之心，非人也；无羞恶之心，非人也；无辞让之心，非人也；无是非之心，非人也。恻隐之

从《论语》学做人

心，仁之端也；羞恶之心，义之端也；辞让之心，礼之端也；是非之心，智之端也。人之有是四端也，犹其有四体也。"翻译过来就是："孟子说：'恻隐之心、羞恶之心、辞让之心、是非之心是人最重要的特质，是人本性具有、与生俱来、天性使然。'能不能发挥自己的'四端'，关系重大。"他把个体的"四端"由己及人、由内及外地扩充，于家可以侍奉父母、孝敬长辈、尊敬师长，于友则诚信为之、以友辅仁，于国则可以为政治民、统御天下、明德宇内。反之，则人不像人，甚至连个人的身家性命都难以自保。

《孟子·尽心下》中，孟子曰："仁也者，人也。合而言之，道也。"翻译过来就是："孟子说：'仁'就是人之为人的根本，合而言之就是道。"明确了人之所以为人，是人的身体中天生就有"仁"的基因、仁的本能，"仁"是与生俱来"善良"的"种子"，光明而博大，变化而无穷。

《礼记·曲礼》言："道德仁义，非礼不成；教训正俗，非礼不备；分争辨讼，非礼不决；君臣上下，父子兄弟，非礼不定；宦学事师，非礼不亲；班朝治军，莅官行法，非礼威严不行；祷祠祭祀，供给鬼神，非礼不诚不庄。是以君子恭敬、撙节、退让以明礼。鹦鹉能言，不离飞鸟；猩猩能言，不离禽兽。今人而无礼，虽能言，不亦禽兽之心乎？夫唯禽兽无礼，故父子聚麀。是故圣人作，为礼以教人，使人以有礼，知自别于禽兽。""道、德、仁、义"都是要通过"礼"来显现出来的。道德仁义是内在的根本，礼是外在的自然显现。没有礼就没有君臣上下，就无法宦学事师、莅官行法、班朝治军等。礼是一切道德仁义的外显和待人行事的规范。鹦鹉会说话但它不懂礼，猩猩能言语但它也不懂礼。假如人会说话却不懂礼，不就和禽兽无异了吗？禽兽无礼，所以父子共用一只母兽，因此"礼"是区别人与禽兽的核心标志。

从以上论述中，我们可以得出一个结论：

何为人？人者，仁也。人就是内有仁心、外有礼仪的人。

假如一个人只在身体、外貌、言语上是人，而没有了道德仁义、没有了礼义廉耻、没有了忠孝仁爱，那么这个人就是衣冠禽兽，就只是说着人话、穿戴衣冠、长着人形的禽兽而已。因为他不具备成为一个人的"仁"心和礼仪，他没有表现出区别于动物的那一点点高尚的道德。

【知识点】

1. "仁也者，人也。合而言之，道也。"

2. "人之所以异于禽兽者几希，庶民去之，君子存之。"

3. "无恻隐之心，非人也；无羞恶之心，非人也；无辞让之心，非人也；无是非之心，非人也。恻隐之心，仁之端也；羞恶之心，义之端也；辞让之心，礼之端也；是非之心，智之端也。人之有是四端也，犹其有四体也。"

4. "鹦鹉能言，不离飞鸟；猩猩能言，不离禽兽。今人而无礼，虽能言，不亦禽兽之心乎？夫唯禽兽无礼，故父子聚麀。是故圣人作，为礼以教人，使人以有礼，知自别于禽兽。"

【思考】

1. 谈谈你对"人就是要对自己好一点"的理解。

2. 谈谈人之所以比动物高级的特质到底是什么。

3. 如何理解"劳动是道德起源的首要前提和条件"？

【《论语》经典章句赏析】

1. 子曰："里仁为美，择不处仁，焉得知？"

【注释】

仁：仁是一个人本体中的善良、光明与道德，是内心中高尚的良知，引申为明德的人，高尚的人，纯粹的人，脱离了低级趣味的人。

里仁为美：里，居、住。心安地住在"仁"中是最美的。

处：住、安。

知：通"智"。

【译文】

孔子说："心时时刻刻安住在'仁'的境界中是最美的，心不选择安住在'仁'里，怎么能称为有智慧呢？"

【感悟做人】

心要时时刻刻安住在"仁"里。

很多注解都将此句翻译为："选择和有道德修养的人住在一起是很美的事情，假如不选择和有道德修养的人住在一起，怎么能算是美好呢？"如此解释甚为不妥。

首先"仁"不能解释为二人，也不能解释为人与人之间的亲情关系，更不能解释为"加厚"。"仁"只是人的一种区别和表示，就如同A和A'。"仁"在甲骨文中就是这样的符号仁，特指人身体中与生俱来的"善良的种子"，也是人之所以为人的"核心"，特指人群中那些"时刻用良知来指导其言行的"高尚的、道德的、脱离了低级趣味的人，就像心理学中所说的"超我"一样，后来延申为修养很高、境界很好或立志将心安在"仁"境界中的人，即"仁者"。

明白了这一点，本章就很好解释了。孔子认为作为人，区别与禽兽的不是四肢、不是耳目、不是语言、不是直立行走、不是会不会使用工具，而是内心的"仁"。但我们大部分人都容易被外界的物质以及个人的物欲、习气所迷失，不愿让心待在"仁的宅子"里，心经常跑出去而不知回来，故而孔子说："里仁为美，择不处仁，焉得知？"孟子也说："学问之道无他，求其放心而已矣。"心要放哪里啊？孟子当然说的是心要放在"仁"里，也就是居于仁。我们在很多古代建筑上看到"居仁由义"或"礼门仁宅"的题字，都说的是让我们的心安住在"仁"的宅子里。

这也同佛家所说的"一念成佛、一念成魔"很相近。假如你的心安于"仁"，此刻你就是仁者；假如你的心从"仁"中离开，此刻你就不是仁者。是不是一个仁者全在于你转念之间的心是否安于"仁"，这也就是"我欲仁，斯仁至矣"，即"人者，仁也"。

《孟子·离娄上》说："仁，人之安宅也；义，人之正路也。旷安宅而弗居，舍正路而不由，哀哉！"孟子曰："仁之实，事亲是也；义之实，从兄是也；智之实，知斯二者弗去是也。"此二者皆与"里仁为美，择不处仁，焉得知"异曲同工，相变而体不变。

2. 子曰："唯仁者能好人，能恶人。"

【注释】

好：喜爱。

恶：厌恶。

【译文】

孔子说："只有仁者，才能真的爱人，才能真的厌恶人。"

【感悟做人】

喜欢人或讨厌人都要以仁为标准，不应以自己的喜恶为标准。

问题来了，很多人读到此章都说夫子怎么能这么说，难道大家都不会爱人、不会憎恶人了吗？是的，世人大多不会真爱人或真憎恶人。我们喜爱别人或讨厌别人都是用自己的标准来衡量，这种标准有时候是情绪，有时候是心情，但更多的是利益。当别人的观点和自己的观点一致，就觉得遇到了知己、知音，就认为能理解自己，因此就喜欢和他交朋友。当别人能给自己带来利益时，虽然内心不喜欢也强颜欢笑，匿怨而友其人。甚至对于自己的父母、孩子有时也会爱时如漆似胶，不爱时却避而不见，完全用情绪或利益处理人际关系。可见，真爱一个人或真厌恶一个人也不是那么容易的。

仁者安于仁，做任何事情都是以仁道作为判断标准，以仁道来衡量是否符合要求。真正喜欢一个人应该是因为这个人符合仁的要求，不喜欢一个人是因为他不符合仁的标准，而不是用自己的私欲、自己的观点、自己的情绪来判断。如《大学》中所言："所谓修身在正其心者，身有所忿懥，则不得其正；有所恐惧，则不得其正；有所好乐，则不得其正；有所忧患，则不得其正。"看来，学会真的爱人、学会真的恶人还是要从修身开始，还是要"里仁为美，择仁而处"。没有仁德在自己身上，你的爱可能就是私欲的显现，也可能是错爱，也可能是假爱。慎之！慎之！

仁者以仁道作为自己为人处世的标准，喜欢人、厌恶人是以仁道为标准进行判断，并不以情绪和自己的利益作为判断的依据。

3. 子曰："苟志于仁矣，无恶也。"

【注释】

志：心之所向，心之所安。

无恶：没有恶心，没有坏心。

【译文】

孔子说："如果心安于仁，就不会有坏心。"

【感悟做人】

心安于仁中则唯善无恶。

此章是不是和上一章矛盾啊？上一章说仁者能真爱人，能真恶人，而本章又说无恶也，像绕口令一样。一个人只有心安于仁，为人处世才会以"仁"为唯一的标准和出发点，这个人怎么会有恶心恶行呢？即使讨厌、憎恶人也只是厌其行事不合仁道，只是希望他也能择仁处仁，这也是爱心的体现。真正的仁者，心无恶，即使表现出"恶人"也是教化他人，希望他人能改恶从善。一个真正的仁者，唯善无恶，即使在普通人看来是"恶"的形象或"恶"的手段，也仅仅是其"仁"的另一种表现形式，也是导其向善的一种方式方法。

这样的事例在生活中有很多。比如，一对挚爱的恋人就要走进婚姻的殿堂，在一次偶然的体检中，男的却得知自己患了绝症，无法继续生存下去。为了不让自己深爱的人受到牵连，男的百般刁难，性情大变，甚至假意拈花惹草，说出绝情无义的话语，迫使女的最后离开了自己。这些行为中的"恶"却是善良的体现，是无恶也。

4．孟武伯问子路仁乎？子曰："不知也。"又问。子曰："由也，千乘之国，可使治其赋也，不知其仁也。""求也何如？"子曰："求也，千室之邑，百乘之家，可使为之宰也，不知其仁也。""赤也何如？"子曰："赤也，束带立于朝，可使与宾客言也，不知其仁也。"

【注释】

赋：兵赋，古代的兵役制度。

千室之邑：指诸侯而言。邑是古代居民的聚居点，有一千户人家为大邑。

百乘之家：指大夫而言，当时大夫有车百乘，是采地中的较大者。

为之宰：宰，家臣、总管。可以做家臣或总管。

赤也何如：姓公西，名赤，字子华，生于公元前509年，孔子的学生。赤这个学生怎么样？

束带立于朝：指穿着礼服立于朝廷。

宾客：宾者大客，如国宾。客者小宾，如客人、家客，指一般客人和来宾。

【译文】

孟武伯向孔子问子路是否是一个仁者，孔子说："我不知道。"孟武伯追问，孔子说："仲由嘛，在拥有一千辆兵车的邦国里，可以让其治理军事，但不晓得其是不是一个仁者。"孟武伯又问："冉求怎么样？"孔子说："冉求这个人，可以让他在一个有千户人家的公邑或有百乘兵车的采邑里当总管，但不知道他是不是一个仁者。"孟武伯又问："公西华怎么样呢？"孔子说："公西赤嘛，可以让他穿着礼服，站在朝廷上，接待宾客，但不知道他是不是一个仁者。"

【感悟做人】

有技艺者不见得有仁心，有仁心者一定有技艺。

《论语》中"德"和"仁"两个概念有时会合在一起用，有时分开用，有时彼此替代。举一个例子来说，假如孔子的思想像地球一样，规模宏大而表现多样。在我们没有认识地球之前，生活在陆地上的人会以为地球是一块巨大无比的土地，无边无际；而生活在海岛上的人又以为地球是一个巨大的水球，浩瀚无垠；生活在沙漠中的人以为地球是一个荒凉无边的沙滩；而生活在高山上的人又以为地球是高耸入云、交通艰险的沟壑；生活在南北极的人又会以为地球就是一个大雪球，冰天雪地、终年不化。这都是从外在来看地球，若从总体来看，地球不但有内在的地壳、地幔、地核等，在地壳上面又有土地、高山、森林、海洋、冰川，还有生活在其中的鸟、兽、鱼、虫等。

孔子所言的"仁"如同地球一样（虽不恰当，但有助于理解），包罗万象、互为一体、表现多样。仁就如同地球的内核中心一样，是最根本的，可以生长出各式各样的"德"。在父母面前，仁表现为具体的孝；在兄弟之间，仁表现为具体的"悌"；在朋友之间，仁表现为具体的"信"；在上下级之间，仁表现为具体的"忠"。仁，因对象、因场景、因人、因事而随机变化、形式不同。仁与德本质一样而称谓不同，可以说仁是总相、德是分相，仁总而德分，仁为纲而德为目，纲举目张。艺就是能力，就是技艺，用现代语言可以说是技术、能力或专业。技艺是能力的体现，但是不是"仁"心的表现，却不尽然。所以，孔子说"不知也"，这是事实，他并没有回避或耍滑头的想法。

孔子有时会从人的某一个特长技艺的表现来说，称为"艺"；有时会从表现的整体来说，称为"德"；有时又会用"仁"在总体上阐述德，有时又会从智、仁、勇三个角度来说"德"。就如同西瓜，一个整体是西瓜，如同"仁"，一分为二仍是西瓜，如"仁、义"；一分为三仍是西瓜，是"智、仁、勇"；一分为四仍是西瓜，是"仁、义、礼、智"。甚至可以一分为五、为六、为七、为八。如何切，只是方法不同、角度不同，但其认识全面后仍是一个西瓜。不能因为我们吃了西瓜的瓜籽就说瓜籽是西瓜，不能因为喝了西瓜的汁就说汁是西瓜，不能因为吃了西瓜的皮就说皮是西瓜，是不是西瓜需要认识全面。如同盲人摸象一般，不是象在变化，而是我们只认识部分、表面，而无法认识全体、认识本质。圣人掌握了道、认识了德、做到了仁、具有了艺，因此他是先觉者、先明者，他从不同的方面教我们认识道、德、仁、义，其最终目的是让我们掌握整体而不是部分。

为了说明本章及对以后《论语》的学习起到帮助作用，我们举上例说明，虽然不是很恰当、很形象，但对理解道、德、仁、义、信、孝、忠、恕、礼、勇、直、智等会有所帮助。本章孔子说其弟子可以治兵赋、为家宰、礼宾客，但只具一专长，还未掌握全体和内核，故说不知其仁，既是实事求是的评价，也是对弟子们继续求学上进的鼓励。

一个人会带兵，不一定按仁道来带兵；一个人会治病，不一定按仁道来治病；一个人会管理企业，不一定按仁道来管理；一个人彬彬有礼，不见得内心有仁德。反之，若是一个仁者会带兵，那么他一定按仁道带兵；一个仁者会治病，那么他一定会悬壶济世、心无差别；一个仁者会做生意，那么他一定货真价实、造福百姓；一个仁者彬彬有礼，那么一定是其内在仁德的自然外显，不矫揉造作，不卑不亢，有礼有节。夫子之所以没有对三个学生做出"仁"的评价，是因为他们德行的修养还不全面，他们的心还没有时时刻刻住在仁的境界中。我们在现实生活中常常遇到这样的情况，一个人能力很强，做生意也顶呱呱，做管理也顶呱呱，甚至吹拉弹唱也顶呱呱，但他可能是一个恶人，是一个不道德的人。这样的人，有能力无仁心，是巨大的祸害。人只有具备了最基础的仁德，有了为国为民的好心，其能力才是"仁"的外显，事业也是"仁"的果实，商业商品才是仁心的体现，即所谓"商乃仁术"。

5. 子曰："回也，其心三月不违仁，其余则日月至焉而已矣。"

【注释】

三月：指很长的时间。

日月：指较短的时间。

其余：其他人。

不违仁：不离仁，就是安于仁。人心就是仁心，没有丝毫的离开。

孔子说:"回呀,他的心可以长时间不违离仁的境界,其余学生的心只是短时间内安居于仁中。"

【感悟做人】

做一件好事容易,难的是一辈子做好事。

子曰:"我欲仁,斯仁至也。"孟子曰:"仁,人心也。"人人都有此心,但总是被世俗习气所蔽,往往不安其中。假如把"仁"比喻成一座房子,心本来应该安住在宅子里,但心往往被功名利禄、喜怒哀乐所牵,从"仁"的宅子中跑出来,甚至忘了回家的路,不安于"仁"中。孔子说,颜回的心能长久地安于仁,视、听、言、动符合礼,仁宅礼路时时刻刻都能做到,颦笑言行都能修德合礼,实乃好学不辍。而其余的学生的心只是偶然住在"仁"中,多数情况却游离于外,为物欲或情绪所迁。本章和"不迁怒,不贰过"是说的同一个境界、同一个层次,都是对颜回的褒奖,对其他学生的勉励。

6. 冉求曰:"非不说子之道,力不足也。"子曰:"力不足者,中道而废。今女画。"

【注释】

说:同"悦"。

废:搁置。行至中途而放弃,停止。

画:划定界限,停止前进。

【译文】

冉求说:"我不是不喜欢老师您所讲的道理,而是我的能力真的达不到呀!"孔子说:"能力不及走到中途才会停下来,可是你还没开始行动，就先给自己画了一个不能完成的圈圈。"

【感悟做人】
人性本足，人人皆可为尧舜。

本章从夫子与冉求师生二人的对话来看，冉求对于学习孔子所讲授的思想理论产生了畏难情绪，认为自己的能力不够，在学习过程中感到非常吃力。但孔子认为，冉求并非能力的问题，而是他思想上的畏难情绪在作怪，说到底是冉求没有"志于道"，所以对他进行鼓励。

孔子之道"仰之弥高，钻之弥坚"，颜渊叹其"既竭吾才，如有所立卓尔"，可见精通夫子之道之难。然孔子又说"我欲仁斯仁至矣"，说明夫子之道又易于掌握，在于心力而非体力，有此心念即能行夫子之道，久处其中而不迁，可融会贯通、心行合一。《中庸》有言："君子之道，费而隐。夫妇之愚，可以与知焉；及其至也，虽圣人亦有所不知焉。夫妇之不肖，可以能行焉；及其至也，虽圣人亦有所不能焉。"说明孔子之道，人人足具，人人可行。贩夫走卒、峨冠博带者皆可，道不远人。日常用度中皆有道，皆可行，就看自己的那颗心是否愿意"依仁而行"。

生活中我们经常听到这样的话"没办法，这个我干不了"，或者"每天都要念三遍啊，这太难了""不行，真的不行""不会，我有什么办法呢"等。这些都是自我开脱，给自己找借口，他们在没有做之前已经给自己下了定义，划定了界限，这样的人永远没有成功的可能。冉求的不足是"退"，故孔子"进"之，指出其"退"的本质是"自己给自己划定了界限"，心中不愿前进了。世人中有多少人是给自己划定了限制，自己给懒惰找了借口呢？此章的重大意义就是要立定志向、耕耘不辍。

7. 子贡曰："如有博施于民而能济众，何如？可谓仁乎？"子曰："何事于仁？必也圣乎！尧舜其犹病诸。夫仁者，己欲立而立人，己欲达而达人。能近取譬，可谓仁之方也已。"

【注释】

施：给予。济：救助。

众：指众人。

何事于仁？必也圣乎：何止是仁呢？一定是圣啊！

病诸：病，不足。诸，"之于"的合音。

能近取譬：能够就自身打比方，即推己及人的意思。

【译文】

子贡说："假若有一个人，他能广泛地施舍，同时又能救济芸芸众生，怎么样？可以算是仁人了吗？"孔子说："岂止是仁人，简直是圣人了！就连尧、舜这样的圣人也难以做到呢。仁者，自己先立而后立人，自己先达而后达人。凡事从自身做起，而推己及人，可以说就是行仁之方了。"

【感悟做人】

财物济他人事小，施道扶人心事大。立足本职，自立立人，自达达人，感化他人。

子贡是中国儒商的鼻祖。其财源广进通四海，生意兴隆达三江，因为财物充足，心里就有了想通过施舍财物而济众的想法。因此有一天问老师："有一个人，能够施舍财物，救济穷人，您看如何？"这又何尝不是子贡在问自己的心愿呢？他希望老师给予点评。本章和《学而》篇中子贡问"贫而无谄，富而无骄，何如"有异曲同工之妙，也显现出子贡擅长言语、凡有问题不直接问的技巧。孔子听到子贡的观点后说：

"假如真能做到博施济众，一定是圣人，尧舜都还做不到呢？"接下来，孔子给子贡一个更高的层次，同时点拨他这个思想的不足。孔子说："己欲立而立人，己欲达而达人，能近取譬，可谓仁之方也已。"自己立了，要想办法让别人立，自己通达了，再想办法让别人通达，而不是施舍。由近及远地去做才是为仁之方。孔子说的是"授人以鱼不如授人以渔"的道理，施舍的后果是养懒汉，而不是立人。为仁者应从自己开始，让每个人都能立能达。联想到当下中国的"脱贫攻坚"战，中央的政策是"扶贫、扶志、扶智"。扶贫是当下权益之策，长远的目标是扶志和扶智。调动民众的主观能动性，立志自我脱贫、自我提升，用自己的勤劳和聪明实现脱贫，才是立人的长久之计。

广泛的施舍会赢得别人的赞誉，但同时也养了懒汉。扶贫济困的重点是扶其心，是精神上的"扶贫"，要使其"立"，使其"达"而非一味地博施济众，此非仁者所为。

8. 子罕言利与命与仁。

【注释】
罕：稀少，很少。
与：赞同、肯定。

【译文】
孔子很少谈到利，却常称赞"命"称赞"仁"。

【感悟做人】
人性本善，扬人之善即是福。

"直言曰言，论难曰语"，直接说的话就叫言，互相讨论的话就叫语。如此，本章的意思就比较清楚了。孔子很少和他人直接谈及"利"，却经常与他人谈起"仁"和"命"。这与现代很多人的观点相

去甚远。当下很多人做任何事情首先想到的是"有没有好处，有没有利益"，大家都被利益裹挟着，少情寡义、碌碌而为，很少有人问这种"好处、利益"是否正当？是否合"义"？春秋末期，群雄并起，孔子看到在"利"的促使下邦国相争、人伦尽丧，个个如逐利之小人，片刻不息，于是主张"先义后利"，希望教化人回归到真正的"仁"道来，将社会回归到"义以为利"的正道上来，这是替万民计，是替万世计。孔子经常谈及"命"，是因为在孔子看来，"命"仍在人性之中，"天命之谓性"，人最可贵的是天生带着"仁性"。仁性是自然给予人最珍贵的禀赋，好学修德便可知晓，便可感悟，知命则自然依命而安、顺道而行。如《论语》有言："不知命，无以为君子。"

9. 子曰："性相近也，习相远也。"

【注释】

性：本性，天性。

近：相近，相似。

习：习气，习惯。

远：不同，差距。

【译文】

孔子说："人的本性是相近的，但后天的习气相去甚远，差别很大。"

【感悟做人】

玉不琢，不成器。

孔子是儒家学派的开山鼻祖。在人性的善恶问题上，孔子只说了"性相近"，并未谈及善恶，后来又发展出以孟子为代表的性善论和以荀子为代表的性恶论，怎么理解呢？笔者认为，孔子说"性相近"是实事求是的，就像白为白、黑为黑一样，都是人为的定义。其实，白无所谓白，黑也无所谓黑，只是其本性如此罢了。人性本就相似，本就是如此。孟子用水的本性是向下，来比喻人的本性向善，是正确的。他是站在人类进化的高度，站在人区别于动物的根本特质上而言的。在漫长的进化史上，人从动物进化而来，在人性中自然而然有相当一部分的动物属性，人的动物属性表现为懒惰、贪婪、残暴、争斗等。但人与动物的区别恰恰就是"人性"。这点"人性"，人有而动物没有，或者说人占比大点，动物的占比更少更小。人性是人之所以为人的根本。就人性中的"仁性"而言，仁性是向善的，这是孟思学派的观点。而荀子是从人性中的"兽性"而言，自然人性是向恶的。孟子之所以比荀子高明，就在于孟子抓住了人区别于动物的恰恰是"仁"性而非"兽"性，故而人性应该向善，这是生命向上进化的结果和必然。

生活中，很多人把自己本性的一面当成人性，动辄就说维护人权、维护尊严，岂不知他们往往把人性中的本性当成了理所当然，把人性中的本性当成了理直气壮，这是低级和愚昧的认知。这种人把不加约束、不加节制的本性解放当成人类前进的标志，真是可怜之极。人性中最光辉、最伟大、最高尚、最珍贵的恰恰在于人能节制自己的七情六欲，发而皆中节，能束缚自己的不良兽性，视听言动依于礼，能悲天悯人而不自私自利，先义而后利，这样才是向着真正的文明进步。人性中本有的仁性不是伪装出来的，是人性那一丝光明本性的体现，让我们还没有进化好的兽性在仁性的统御下有礼有节地展现而非无节制地泛滥。

"习相远"是说习气的不同。人生下来，因区域不同、环境不同、教育不同而形成了各式各样的生活习惯、价值取向，"蓬生麻中，不扶自直"就是这个道理。有的人按照人性中的"仁"性发展，天天修德，时时修身，德行日高，光辉灿烂。有的人却按照人性中的"本"性发展，见利忘义，只有利益而无道义，巧言令色，胁肩谄笑，为富不仁，自然越走越远。与仁者比，与君子比，一上一下，自然习相远也。

孔子是想告诉我们，天生的本性很重要，后天的学习环境、成长环境也很重要，两者不可偏废，均不可轻视。

第二篇

做人与孝悌

【前言】

什么是孝？

孝，从耂，从子。子承老也。善事父母者。《孝经》言："子曰：'夫孝，德之本也，教之所由生也。'"在儒家看来，孝是人性中最初产生出的德，是德最根本的起点。孝是人性自有的本能而非从身外学来的技巧。孟子说："仁义礼智，非由外铄我也，我固有之也。"

孝是人类进化过程中自然产生的属性。虽然这种类似"孝"的行为在动物界中也有表现，如乌鸦反哺、小羊跪乳等，但其表现得较为低级和简陋，不如人类本性中的"孝"丰富和高级。孝的本性在人类身上表现得更为彻底、更为圆满，也是人之所以为人的高级特质之一。

孝的特质是人性中本来就具有，但需要在后天的学习中不断地使其完美、强大、光明和丰富，不要被外界物欲和私利所蒙蔽，以致不能自知，甚至怀疑自己身上本没有"孝"根，甚至认为"孝"只是后天父母、老师教导学习而来的习惯，是外铄于我，而非我身固有。关于这一点，在这里需要特别予以澄清。为什么说"孝"是人性本有的属性呢？孝是人的本性，就像飞是鸟的本性一样，鸟通过练习一定会飞，但若鸟从小不练习不实践，长大后就不会飞或者飞得很笨拙。我们不能说鸟没有飞的本能，只是这种本能没有被开发充分，没有被完全展现出来。从小在笼中长大的狗不会跳过小水渠，不会下楼梯，甚至不会吠，也不是其本性中没有这个潜质，只不过是没有通过后天的练习展现出来，被蒙蔽了，被淹没了。反之，狗无论如何学习训练都不可能飞翔，因为它没有飞的本性，就如同鸟无论如何练习也不会在水中畅游、鱼无论如何练习也不可能翱翔天空一样，其本性中没有这类的特质。人有孝的本性，但仍需要后天的学习、教育、实践，才能把这种孝行发扬光大。人性中有孝，就像金矿中含金一样，良好的人性教育就如同提纯黄金，越对其进行教化其含金量就越高，亮度就越大，光芒就越强，就能照亮自身，影响他人，进而影响社会、国家。这就是《孝经》中所说的"先王有至德要道，以顺天下，民用和睦，上下无怨"。至德就是孝性，要道就是良好的教化。

中华民族是一个非常重视"孝"的民族，这是从人性出发的。无论哪个民族都不会对孝产生排斥，原因只有一个，孝是人性本有，孝是心灵相通，孝是人类共有的基因。只要是人就不会抵制孝，孝也成为中国人的基本价值取向。诸如"百善孝为先""老吾老，以及人之老；幼吾幼，以及人之幼""是不是好人先看有没有孝心"等都体现了这一点。

悌只是孝的延伸、孝的发展。兄弟姐妹相亲相爱、互相帮助、和睦相处，父母自然开心，孝行进而扩展。孝如同种子一样，是德行的原点。

【知识点】

1. 孝，从耂，从子。子承老也。善事父母者。

2. 夫孝，德之本也，教之所由生也。

3. 人性中有孝，就像金矿中含金一样。

【思考】

1. 孝是人性中本有的还是后天习得的？谈谈你的想法。

2. 有人说教育是为了学会各类技能以便过上富足的生活，有人说教育是为了开发人的本性，使人性更加善良高尚。两种观点的侧重点不同，采用的教育方式方法也就不同。请谈谈你的观点，并以"教育的本质"为题写成书面材料。

【《论语》经典章句赏析】

1. 有子曰："其为人也孝弟，而好犯上者，鲜矣；不好犯上，而好作乱者，未之有也。君子务本，本立而道生。孝弟也者，其为仁之本与。"

【注释】

有子：孔子的学生，姓有，名若，比孔子小33岁。《论语》书中孔子的学生一般都称字，只有曾参和有若称"子"。因此，有学者认为《论语》即由曾参和有若的门人所著述，为表示尊称，用"子"。

孝：善事父母者也，子承老者也。《孝经》："孝者，德之本也，教之所由生也。"《管子》："孝悌者，仁之祖也。"《十三经注疏》："于礼有不孝者三事，谓阿意曲从，陷亲不义，一不孝也；家穷亲老，不为禄仕，二不孝也；不娶无子，绝先祖祀，三不孝也。三者之中，无后为大。"

弟：同"悌"。绳索捆束木桩时，就出现了一圈一圈的"次第"，本义是"次第"。善事兄长为"弟"。

犯上：冒犯、干犯、顶撞义。上，指在上位的人。

鲜：少的意思。《论语》书中的"鲜"字，都是如此用法。

未之有也：此为"未有之也"的倒装句型。古代汉语的句法有一条规律，否定句的宾语若为代词，一般置于动词之前。

务：专心、致力于。

本：根本，根。

道：在中国古代思想里，道有多种含义。此处的道，指孔子提倡的仁道，即以仁为核心的整个道德思想体系及其在实际生活的体现。简单讲，就是为人为政的基本原则。

　　仁，仁是人的一种标志和区别，特指明德的人、有礼的人。

　　动物性、重利、小人、才胜德谓之小人，无礼之人。

　　社会性、重义、君子、德胜才谓之君子，有礼之人。

【译文】

　　有子说："孝顺父母，顺从兄长，而喜好触犯上司，这样的人是很少见的。不喜好触犯上司，而喜好犯上作乱的人更是没有的。君子专心致力于根本的事务，根本建立了，做人做事的标准原则也就有了。孝顺父母、顺从兄长，这就是立仁的根本啊！"

【感悟做人】

孝弟也者，其为仁之本与。

　　下图是儒家的"坐标系"和"原点"图，说明了孝是为仁的基点。就是说，孝是种子的第一个胚芽，更是明德的起点。假如有一粒种子是"仁"，那么这粒种子上生长出的第一个胚芽就是"孝"，从这点出发能生长出悌、忠、信、义、勇、廉、毅、刚、智、艺等。孝是纵坐标，它把人与人之间的纵时空进行了串通；悌是横坐标，它把人与人关系的横时空进行了贯通。至此，人伦关系皆由孝来，信只是悌的延展而已。

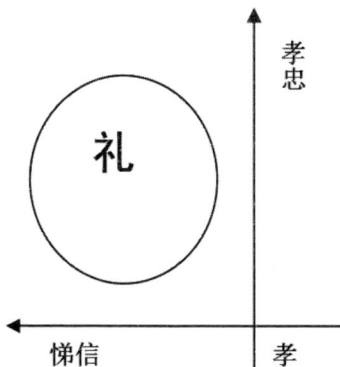

孝
忠

礼

悌信　　　　孝

而忠孝仁爱、礼义廉耻各种德目的表现，都要用符合仁的行为规范和日常仪式表现出来，这就是礼。礼是仁的外在表现，礼是符合仁的行为规范，礼是做人的基本准则。假如一个人每天的视、听、言、动都发于仁而符合礼，这就是克己复礼为仁，就是天下归仁，就是安于仁，就是居于仁，也就是"仁者，人也"。

孝是本，而不好犯上作乱是末。不可本末倒置，更不可忘本逐末。

2. 子曰："父在，观其志；父没，观其行；三年无改于父之道，可谓孝矣。"

【注释】

其：他的，这里指儿子，不是指父亲。

行：是代词，泛指一切行为举止。

三年：此处的三年即守孝期间。

父之道：侍奉父亲的方式方法，即尽孝。古人"事死者如事生"，父亲虽然去世了，但守孝侍奉先父的言行如同其活着的时候一样，方式、方法、态度、心情均不变，这才能称为孝。

【译文】

孔子说："父亲在世的时候，观察他志在何方？（是不是志在圣贤）；父亲死后，要观察他的行为，（是不是在三年的守孝期还能按照父亲生前一样祭祀父亲），这样的人可以说是尽到孝了。"

【感悟做人】
孝是本心的自然表达，永不改变。

本章是说孝是发自内心的，不是表面假装出来的。在传统文化中，父亲总是威严的形象。在父亲面前，子女总是战战兢兢的。父亲在世的时候，一个人的孝行可能是碍于父亲的威严而假装出来的，那么当父亲去世之后，通过三年守孝期的祭祀方式、方法、容色就能看出他的真

心。孔子在这里是想告诉世人，孝是内心的真诚表达，是长久的人性体现。无论父母在世或不在世，儿女的孝亲心思不应该随着父母的是否离开而发生改变，此种戚戚之情每每想起都要哀思不绝。

孝心是本，孝行是末。应该里外一致、前后一致、生死一致，否则就是"巧言令色，鲜矣仁"。孝在心，显在礼，"生，事之以礼，死，葬之以礼，祭之以礼"都是孝心的外在表达，是子女对父母的真情流露。孝是人性中最天然、最动听的旋律，人人都有，无法磨灭。有人会被尘世的习气所掩盖而不见光耀，需要圣贤之道的熏陶方能显露本来的光彩，因此圣人有言："孝者，德之本也，教之所由生也。"

3. 孟懿子问孝，子曰："无违。"樊迟御，子告之曰："孟孙问孝于我，我对曰：'无违'。樊迟曰："何谓也？"子曰："生，事之以礼；死，葬之以礼，祭之以礼。"

【注释】

孟懿子：鲁国的大夫，三家之一，姓仲孙，名何忌，"懿"是谥号。其父临终前要他向孔子学礼。孟孙：指孟懿子。

无违：不要违背。只有动词而不见宾语，从下文看，无违的是"礼"。

樊迟：姓樊，名须，字子迟。孔子的弟子，比孔子小46岁。他曾和冉求一起帮助季康子进行革新。

【译文】

孟懿子问关于孝的问题。孔子说："孝就是不要违背。"随后，樊迟给孔子驾车，孔子告诉他："刚才孟孙问我，什么是孝？我回答，不要违背。"樊迟说："不要违背，是什么意思呢？"孔子说："父母活着时，要按礼侍奉他们；父母去世了，要按礼埋葬他们，以后要按礼祭祀他们。"

【感悟做人】
孝敬父母要依礼而行、依仁而行，非一味地顺从父母。

或许就是本章中的"无违"，才演变出后世对孝"一味顺从"的呆板理解。那么，本章到底要告诉我们什么道理呢？孔子的学生孟懿子来问老师：什么是孝？孔子没头没脑地说了两个字"无违"，把孟懿子搞得一头雾水、丈二和尚摸不到头脑，孔子也没有再做进一步解释。随后，孔子外出，樊迟给孔子驾车。在车上，孔子再次提起刚才孟懿子问孝的事情，并还原了自己的回答是"无违"。樊迟还是一头雾水，不知何意？孔子此时才对"无违"进行了详细的解释："生，事之以礼；死，葬之以礼，祭之以礼。"看来，孔子说的"无违"，就是无违"礼"。

孔子为什么不直接告诉孟懿子无违礼，却要绕一个大弯呢？这就是老师的教学方法"不愤不启，不悱不发"，让学生自己琢磨孝到底是什么。不知道孟懿子后来是否明白了老师的用意，也不知道樊迟是否告诉孟懿子孔子所说的详细答案，但真正精彩的是最后一句。

依儒家文化，中国人一生有礼，一生依礼。一个人，刚出生，家里就要依礼庆生；出生三日，家人要给他过三朝礼；出生一月，要过满月礼；出生百日，要过百日礼；满周岁，要抓周；上学要行释菜礼、拜师礼；成年行冠礼、笄礼；成家行婚礼；之后是寿礼，还有丧礼、葬礼，再就是祭礼，周年祭、三年祭、九年祭……直到自己也走完人生。中国人生活在"礼"中，礼就是中国人的生活规范和成长轨迹。

作为子女对待父母要孝，但孝不是一味顺从、一味迁就，而是要依礼尽孝。《孝经》中说得很清楚，孝很多时候不会顺从父母之意，甚至会归劝父母的行为不能付诸实施。父母在世时要依礼侍奉父母，这是那一颗仁心在父母活着时候的真实显现，这颗仁心此刻表现为孝。父母过世了，为了表达对父母的哀戚之情、悲伤之心，此刻这颗仁心表现出的孝即为"丧礼"。丧礼结束，这颗仁心则依礼表现为"葬礼"。之后，

每逢气候变幻、季节变化，想起父母活着时候的音容笑貌、日常嗜好，都会想着做点父母爱吃的佳肴果蔬祭奠父母，这就是祭礼。还是那一颗仁心、那一颗孝心，从生到死到祭，那颗对父母的"心"从未改变，改变的只是因时因事而变化的"礼"。无违的真正意思是不要违背自己的"心"。

4. 孟武伯问孝。子曰："父母唯其疾之忧。"

【注释】

孟武伯：姓孟孙，名彘，"武"是谥号，孟懿子的大儿子。

其：指子女。

【译文】

孟武伯问孝，孔子说："父母所担忧的是孩子们生病啊。"

【感悟做人】

是否生病非人力所能决定，除此应尽力不让父母担忧。

从"武"的谥号可以看出，孟武伯喜欢武事，加之其出身贵族，属于鲁国三家之一，自然就有很多贵族子弟的毛病。孟武伯来问孔子什么是孝，孔子告诉他，不要让父母担心就是孝。

《孝经》言："身体发肤，受之父母，不敢毁伤，孝之始也。"古人之所以如此谨慎地对待身体发肤，目的是让大家珍惜生命，注意安全，不要白发人送黑发人，不要未能尽孝身先死，更不要为了刺激、好玩、冒险、快乐而与朋友一起逞匹夫之勇，损毁身体，枉断性命。每个人活在这个世上不单单是一个自己，每个人天生都有自己的使命，例如：为人子女就要有做子女的责任和义务，为人父母就要尽父母的义务和责任，为职员就要尽岗位的义务和责任。各安其位，各尽其责，是每个人活在这个社会上与生俱来的职责，推卸不了，也摆脱不了。每个人都是家庭一分子，因此照顾好自己、尽好自己的职责就是孝顺，肆意妄为、图一时刺激，不顾父母之养、兄弟之情、朋友之义、妻儿之责就是最大的不孝。

让父母为自己担忧、操劳、烦心也是不孝的表现，但这一切都要以"礼"的标准来行事。是否患疾，非人力所能左右，但要尽量避免患疾，不故意涉险临危。

5. 子游问孝。子曰："今之孝者是谓能养。至于犬马，皆能有养；不敬，何以别乎？"

【注释】

子游：孔子的弟子，姓言，名偃，字子游，小孔子45岁。

养：供养，赡养。

至于犬马，皆能有养；不敬，何以别乎：人对犬马，也供给饮食加以饲养，假如仅是供养父母而无敬心，与养犬马有何区别？这是将人养父母跟人养犬马相比，强调养非孝，而孝的关键在于敬。

【译文】

子游问孝。孔子说："人们认为能养父母就是孝。至于狗呀马呀都是能养的；假如心中没有'敬'，养父母与养犬马有什么区别呢？"

【感悟做人】

养父母在行，孝父母在心，养与孝的区别在于敬。

孔子之所以为圣人，绝不是因为文采飞扬，更不是因为功勋卓著，而是因为他对人性的精准掌握，对人心的精微了解。孔子对人性的总结，对人心的通透体悟，亘古不变，这才是圣人的伟大之处。世事过千年而人伦不变，沧海历万年而人性无易。对待父母，大多数人往往认为吃好、穿好、活好就是孝顺，更有甚者认为给父母住高楼大厦、吃山珍海味就一定比住山间茅屋、吃粗茶淡饭孝顺，孰不知孝的根本是

"敬"，孝的可贵在心，孝是自己内心对父母的恭敬而非外在物质的多寡。日常生活中常常打动我们内心、触动我们灵魂的是普通人平淡的言语和举动，这些子女无豪言壮语，无高官厚禄，但其一言一行却让我们感动不已。这就是"敬"的力量。"敬"是时时处处都心在父母，用自己的内心体悟父母的内心，自己的每一个举动、每一个事件都让父母安心舒适。"百善孝为先，论心不论迹，论迹贫家无孝子；万恶淫为首，论迹不论心，论心世上无完人。"尽自己所能，用自己的真心为父母排忧，让父母心安，使父母舒心，才是真正的孝心，孝心在心不在物。

"礼，毋不敬。"孝的根本是敬，养只是敬的表现形式，只有表象而无内质，就是巧言令色，就是鲜矣仁。

6．子夏问孝，子曰："色难。有事，弟子服其劳。有酒食，先生馔。曾是以为孝乎？"

【注释】

色难：侍奉父母，以能和颜悦色最为困难。色，脸色。难，困难、不容易做到。

弟子：指年幼者，如晚辈、儿女。

食：饭，食物。

先生馔：先我而生者，指长者或父母。馔，吃喝、食用。

曾：乃、竟、难道。

【译文】

子夏向孔子问孝。孔子说："侍奉父母，能随时和颜悦色是最难得的。有事需要做时，子女抢着替父母去做；有饭有酒时，子女让父母先享用，难道这样做就算是孝顺吗？"

【感悟做人】

色难的真正原因是心难。

《礼记·祭法》有云："孝子之有深爱者，必有和气。有和气者，必有愉色。有愉色者，必有婉容。"人之面色，即其内心之真情流露，色难即是心难。若心中无对父母的爱，心中无对父母的敬，服其劳、先生馔则都是表面功夫而非内心情愿，这种服其劳也是做给别人看的，只是为了讨得孝的声誉，而非真心孝敬。若能对父母"视于无形，听于无声"，时时刻刻体悟到父母的心思，且无声无色地给父母满足，这才是真孝心。"色难"的根本乃是心难，只有发自内心的关怀和敬意，才能随时保有温婉和悦的脸色。真正的孝，不只是表面的、物质的奉养而已，而是从内而外的自然流淌。

儒学是人的学问，是人心的学问，是用自己的心体悟他人的心，是真正温暖的学问。孝就是儿女的行为时时刻刻让父母感到温暖、舒心。

7. 子曰："事父母几谏，见志不从，又敬不违，劳而不怨。"

【注释】

几：细微、婉转。

谏：规劝。父母有过，子女当微言规劝，言之以礼，不能一味顺从更不能放纵父母犯错误，一味顺从是置父母于不义之中。

志：心之所愿。见父母不愿听从自己的进谏，待父母心情好转后再好言相劝，不违逆。

劳：忧劳的意思。

【译文】

孔子说："侍奉父母时，发现父母有言行不对的地方，做子女的要委婉地劝说他们。发现父母拿定主意，不愿听从自己的劝谏，待父母心情好转后，寻机再和颜悦色劝谏，如此忧劳而不怨恨父母。"

【感悟做人】

和颜悦色劝谏父母的言行也是孝。

《弟子规》言："亲有过，谏使更，怡吾色，柔吾声。谏不入，悦复谏，号泣随，挞无怨。"对于父母的过错，做子女的很难处理，不劝谏担心发展下去酿成更大的过错，劝多了又担心父母起心思，尤其是碰上脾气大、性格直、从不愿意听人建议的父母。劝谏父母是一件非常难的事情，但做子女的绝不能袖手旁观、任其发展，这是大不孝。

孔子告诉我们只有时时刻刻关注父母的日常言行、心思想法，才能在父母有微小过错的时候发现问题。假如我们心思从来都不在父母身上，很长时间都不过问、不关心，就不可能发现"几"错。发现父母有小错误后要平心静气、和颜悦色地慢慢规劝，不能操之过急，也不能在父母不听劝谏后大发脾气、恶语相向，甚至不再理会，而是要寻找机会再次劝谏，无论付出多少辛劳都要无怨无悔。

孝顺不是只顺从而不劝谏，孝顺是依礼而行，不是顺父母的心愿而行。父母的心愿符合礼就顺从落实，父母的心愿违礼就要劝谏其改过，不能任其发展。这不是不孝，而是子女对父母真正的孝顺。

8. 子曰："父母在，不远游，游必有方。"

【注释】

游：离开本地去外地。

方：方法。

【译文】

孔子说："父母在世，不远游他乡；（如果不得已要出远门）则必须用妥善的方法安顿好父母。"

【感悟做人】

远游或不远游不重要，关键是心里是否有父母。

在古代农耕社会，人们以土地为生活的中心，往往一家人、一族人生活在一起。因此，若无重要事情的召唤是不会背井离乡、远走他乡的。当时信息交通不便利，为方便与家人保持通信，远离时既要安顿好父母，更要明确所去的方向。

当下，离开家乡而外出工作者比比皆是，各地出现了数量众多的空巢老人独守家园。大家迫于生计，忙碌于工作，无意中忽略了父母的感受。朴实无私的父母不愿给孩子们添烦恼，悄悄埋藏起自己的真实想法，不愿谈及任何让儿女担忧的话题，空巢人苦撑着孩子们心中的老家。

如今，儿女有儿女的无奈，父母有父母的不舍。若顺从"父母在，不远游"则无法与当下社会相适应；若远游，却又显得不孝。若孔子生活在当下社会，他该如何是好？笔者认为，游或不游不是关键。若天天与父母在一起，却是啃老族，这样的"不远游"又意义何在？若常年远游，却无时无刻不挂念着父母，不但通过信息技术时刻关心父母，还能在父母最需要的时候及时出现在父母面前；自己事业进步、家庭幸福，从来不让父母担忧操心，这样的"远游"又有什么问题。所以说，远游或不远游不是孔子要强调的重点，重点是我们的心中是否时刻装着父母，是否将孝放在心中最重要的位置。

9. 子曰："父母之年，不可不知也。一则以喜，一则以惧。"

【注释】

知：记。父母的年龄要长记于心。

喜：高兴。惧：担心。

【译文】

孔子说："父母的年龄，做子女的不能不知道啊。一则为他们能日渐长寿而高兴，一则是为他们日渐长寿而忧惧。"

父母生育子女，实属不易。待子女能自食其力，父母已近天命之年。人之寿命不由己，天灾人祸、恶疾病灾实属难料。为人子女不应因父母正在壮年而认为尽孝尚早，孰能料到明天的情况会是如何？尽孝不能等，孝亲不可待。记住父母的年龄不仅是数字的多少，也是孝心长存的表现。常言道，"树欲静而风不止，子欲养而亲不待"，"人世间最不应等待的是尽孝"。人人亲其亲、老其老则天下和睦。

孝是为仁之本。只要心中时刻把父母存于心间，则自身之仁德逐渐厚实，恕道逐渐延伸，而不再是图一私之利。自己若真有孝心，则兄弟姐妹之间团结和睦，不计得失，轻财忍忿，仁道又厚，恕道更宽。从孝逐渐扩展到朋友、君臣乃至天下百姓，仁德日渐广博，恕道日趋广大，则自己逐渐提升为一个心存天下、与人民同甘苦的大格局之人，自身也将转化为仁道的载体。这就是"人能弘道，非道弘人"。所以说，孝就是仁的入门之学、仁的立根之学。

10．子曰："孝哉闵子骞！人不间于其父母昆弟之言。"

【注释】

闵子骞：闵损。母亲去世，父亲续弦，再生二子。继母对子骞薄情寡义，寒日芦花充衣，子骞从无怨言。父知晓后要休妻，闵子言"母在一子寒，母去三子单"。继母、两弟感其言化之，一家人其乐融融。

间：非议，亏损。

昆：兄弟。

【译文】

孔子说："闵子骞真是孝顺呀！人们从他身上找不到任何对父母兄弟不好的话。"

【感悟做人】

不计较亲人的过错本身就是孝悌。

闵子骞在继母百般刁难下，内心仍无怨言，从不责难，让外人看到的是一个母慈子孝、兄友弟恭、其乐融融的和睦家庭。这算不算虚伪呢？生活中，我们会听到或看到有的孩子常在别人面前说父母不爱他、不疼他，甚至为了表达这种不满而夸大其辞，甚至恶言相向、拳脚相加。那么，子女这么做合适吗？用这种方式与父母相处又会得到什么样的结果？

孝，是对父母的体谅，是对父母的关爱。若闵子骞在受到委屈时将继母的行为公之于众，或者当面与继母争吵起来，则家庭的裂纹终将越撕越大，最后不是鱼死就是网破。到那时，是继母胜利了还是闵子骞胜利了？这是需要我们思考的。相信闵子骞也不会得到什么有价值的回报，甚至会是亲朋好友对他不孝行为的指责和不理解。无论古代还是当代，与父母相处都需要包容、需要沟通、需要体谅，更需要委屈自己，成全家人，在委屈中成全自我修养，感化他人内心。

闵子骞至孝至纯，感动继母兄弟，使家庭团圆、孝弟克全。孝本于人心。《孝经》云："孝悌之至，通于神明，光于四海，无所不通。《诗》云：'自西自东，自南自北，无思不服。'"就是说，孝到了极致，能通于神明，感通万物。这是人性的真正光辉、人性的真正能量。尽孝到了极致就是得道，也是御父母于道，是大孝至孝。至孝之人，心无私念、心无贪念，依性而行、依道而发，已然是圣人，怎能不通神明、感知万物？然时下民众多有不信，更不愿将孝尽到极致，而是将私欲无限扩大，追求物质的享受、感官的刺激。一上一下，天地悬殊，怎知孝的力量？

第三篇

做人与为政

【前言】

什么是政？

生活中人人都在谈政治，而知道何为政治者又有几人？翻开字典或打开网络，输入"政治"查询，一长串的解释让人不知所云。

我国古代圣贤早就将此问题思考得透彻圆融了，子曰："政者，正也。"简而言之，政治就是"治正"，让国家走在正确的道路上就是政治。何为正确的道路？简而言之，就是让人民生活越来越幸福的道路，就是得民心的道路。人民就是江山、江山就是人民。政治就是为人民幸福，为人民幸福就是政治。那么，何为民心，何为幸福？民心就是人民之心，就是符合人性本有之道，幸福就是让人心舒展自然之道。所以，正道就是仁道，正道就是一切为民之道。在当今社会，正道就是中国特色社会主义道路。

一个国家或团体，其政治制度、政治方法、政治措施等的设计、制定和实施都要围绕人性之善而展开。人性的核心是仁，是德，因此所有一切政治活动都要以仁为中心，以德为中心，为人服务，为德服务。《论语·为政》中子曰："为政以德，譬如北辰，居其所而众星共之"就是这个意思。

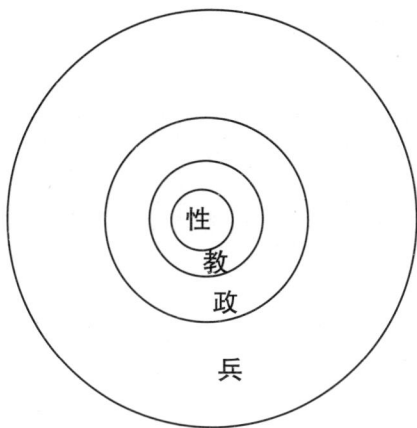

马一浮先生言"教为性摄，政为教摄，刑为政摄，兵为刑摄"，用一以贯之的笔法透彻地阐明性、教、政、刑、兵的关系，同时说明各自之间的次第关系和本末关系。所有的教育、教化都要为开发人的本性"仁、德"服务，这就是立德树人、立德以仁、树人以礼。而所有的政治措施都要为教育、教化服务。政治是另一种更高层次的教育，所有的刑法、政令都要为民服务。

《唐律疏议·名例律》："德礼为政教之本，刑罚为政教之用，犹昏晓阳秋相须而成者。"

为政者一定要明白，为政的目的、中心、根本、重点只有一个，就是"德"，即为人的人性服务。为政只是对人道的扩展，对人道的彰显。若为政者让人性越来越昏暗，越来越不文明，让人越来越兽化，这便是无道政治。

既然政治是人道的扩展，是为人道服务的，那么任用有德之人来从政才能实现这个目标。而有德之人从何而来？从教育、教化而来。什么样的教育能教出有德之人？立德树人的教育才能教出明德之人、心怀天下之人。只有这样的人走上各级为政岗位，才能"大道之行，天下为公，选贤举能，讲信修睦"。自然而言，为政以德的首要工作便是教育。

教育的一切设计和实施都要围绕"立德树人"展开，只有人人明白人性，人人修养仁德，才能人人互信、人人友爱，"老吾老以及人之老，幼吾幼以及人之幼"。人人各安其位、自然和睦，天人合一，才能可持续发展。

总之，政治就是为德之道，政治就是依正道而行的各种方式方法。

【知识点】

1. 教为性摄，政为教摄，刑为政摄，兵为刑摄。

2. 子曰："为政以德，譬如北辰，居其所而众星共之。"

3. "德礼为政教之本，刑罚为政教之用，犹昏晓阳秋相须而成者。"

4. 何为政治？政治就是用正道治理家国天下。何为正道？正道就是人性之道、自然之道。

【思考】

1. 你认为人性是什么。

2. 谈谈什么是"德"。

3. 你认为立德树人应该如何做。

【《论语》经典章句赏析】

1. 子曰："为政以德，譬如北辰，居其所而众星共之。"

【注释】

为政以德：以，用的意思。德，得也。此句是说，为政者当一切以"德"为中心，即"德政"。

北辰：北极星。

所：处所，位置，安于位。

共：同拱，环绕的意思。

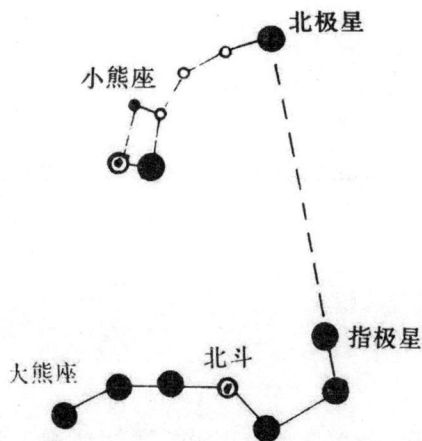

【译文】

孔子说："一切为政都要以'德'为中心，以'德'为出发点。就像北极星那样，安于其位，而群星都会环绕在它的周围。"

【感悟做人】

为政以德才是正道。

如何为政呢？孔子告诉我们，为政者要以德为一切的根本和出发点，无论是教育、商业、医疗、建筑、戏剧、影视、文学作品等生活中的一切都要以"德"为中心，都要为教化人民成为"有德的君子"服务。这正是儒家思想之所以能从诸子百家中脱颖而出的重要原因。儒家是德治，是人性之教，是为政的根本。德是政之本，政是德之迹，儒家思想对当今世界的为政者有极大的启发和借鉴意义。站在儒家的视角，治国的基本原则是德治、礼治。为政以德，德教天下，人人各安其位，各尽其分，忠孝仁义，和睦相处，童叟无欺，相亲相爱，则人间就是天堂。这是儒家为政的根本出发点和目的所在。

2．子曰："道之以政，齐之以刑，民免而无耻；道之以德，齐之以礼，有耻且格。"

【注释】

道：领导。

齐：整齐、约束，有规矩。

免：避免、躲避。

耻：羞耻之心。

格：整齐，有规矩。

【译文】

孔子说："用政令教育和管理百姓，用刑法让百姓讲规矩、守纪律，百姓只求免于刑法而无羞耻之心；用道德教育和管理百姓，用礼使百姓整齐划一、遵守规矩，老百姓不仅会有羞耻之心而且很守规矩。"

【感悟做人】

德是感化，刑是畏惧，德主刑辅是为政之道。

在本章中，孔子举出不同的两种为政方式。孔子认为，刑罚让人知畏惧而设法逃避犯罪，却不能使人懂得犯罪可耻，而道德教化比刑罚约束要高明得多，既能使百姓循规蹈矩，更重要的是使百姓有知耻之心。这反映了道德在国家治理中比法律高明之处。德治见效慢，是根本；法治见效快，只治标。法治是从外用力，礼治是从内用力。法治是让人皮肉受苦而畏惧，礼治是让人心觉悟而感化。法治约束的是行，礼治感化的是心。法治是约束人不要做坏人，礼治是教化人要做好人。礼治高于法治，礼治为主、法治为辅。无论是礼治还是法治都要以"德"为中心，为"德"服务。若法治不是彰显人性之善，不是引导人性向善，只是制裁而不考虑法治的德教效果，那么这种法律只是背离德治的恶法。明白此理，则明白千古万世治国安邦之大道。

3. 哀公问曰："何为则民服？"孔子对曰："举直错诸枉，则民服；举枉错诸直，则民不服。"

【注释】

哀公：鲁国国君，姬蒋。谥号哀。

举：选拔，任用。

直：正直、正派，品行高尚的人。

错：放置、加上面。

枉：弯曲、不正确、不正直、不正派，品行不好的人。

诸：之乎，语气词。

【译文】

鲁哀公问孔子："如何做民众才会顺服呢？"孔子回答说："推举选拔正直的人放在不正直的人之上，这样民众就会顺服；如果推举使用不正直、不正派的人放置在正直、正派的人之上，民众就不会顺服。"

【感悟做人】

为政之道在用人，用人之道在识人，识人之道在修身。

本章孔子从正反两个方面阐述了"使民服"和"使民不服"两种截然不同的"举"和"错"，阐述的既是"国君改善君民关系之道"，也是"国君的用人和施政之道"。孔子认为，作为国君，要做到"使民服"，首先必须先做到"使民尊敬"；要做到"使民尊敬"，首先又必须做到"使民信任"；要做到"使民信任"，就必须在"用人"和"施政"上做到"举直错诸枉"。也就是说，国君只有做到了使用正直、正派的人，施行正确的政令，而不选用不正直、不正派的人，废除错误的政令，民众才能信任你，才能尊敬你，才能顺服你。反之，如果国君推举、使用不正直、不正派的人，施行错误的政令，而不使用正直、正派的人，废除正确的政令，民众就不信任你、不尊敬你、不顺服你。

治国如此，治理公司、治理学校、治理家庭又何尝不是这样。作为管理者，只有做到推举正直、正派的人，使用正确的管理方法或教育方法，才能树立正气，才能务实，下属才能信任你、才能尊敬你、才能服从你。反之，如果管理者推举不正直、不正派的人，使用不正确的管理方法或教育方法，歪风邪气就会抬头，虚报浮夸之风就会兴盛不已，日常工作就会被表面文章所取代，群众就会不信任你，就会不尊敬你，就会不顺服你。即便是你掌握着下属的发展机会，下属"不得不服"或"不敢不服"，也只会是"口服心不服"，这对于干群关系的和谐、对于事业的发展，无疑都是极其有害的。

本章想告诉我们的主要是两方面——识人和用人。

识人的关键在上位者的修养。"千里马常有，伯乐不常有"，能否识人，考察的是上位者的品德、眼光、学识、修养、胸怀。纵观历史，凡有作为、有业绩的为政者必有识人之能、识人之德。是否能举荐分辨出正直的人，是否能使用正直的人，都是上位者的修养。"其身正，不令而行"，为政者，修养自身，即是为政。自身正，选的人也正，国人百姓也正；自身邪，选的人也邪，国人百姓就往邪路走。

用人的关键是"错诸枉"，把正直正派之人放在邪曲人之上，这样做是让真正之人处于为政的职位上，既让正直之人走正道、播撒正能量，也在教育和影响不正直之人逐渐弃恶从善，逐渐变为良善之人。

4. 季康子问："使民敬，忠，以劝，如之何？"子曰："临之以庄，则敬。孝慈，则忠。举善而教不能，则劝。"

【注释】

季康子：鲁国大夫，季桓子之子。鲁哀公二年，季桓子死，季康子继位。

敬：对人对事恭敬庄重。

忠：对上位者忠心不二。

以：而。

劝：努力，上进。

【译文】

季康子问："如何使百姓能对上位者恭敬、对上位者忠心还会努力上进呢？"孔子说："在上位者端庄正派，民众就会对上恭敬，在上位者孝于亲、慈于幼，民众就会对其忠心。选举民众中的善良之人（放在合适的职位），教化教导德能不足的人（增长德能），百姓就会积极上进。"

【感悟做人】

尊敬是自己赢得的，不是别人施舍的。

孔子之意还是要求统治者率之以正。要让百姓敬忠，光靠口头的劝导是没有用的，必须从自身做起，临之以庄、孝老慈幼，以身示范、以身作则，下位者自然就会对你敬重。孔子对统治者的要求向来是很严格的，如季康子问政于孔子曰："如杀无道，以就有道，何如？"孔子对曰："子为政，焉用杀？子欲善而民善矣。君子之德，风，小人之德，草，草上之风必偃。"季康子问政于孔子。孔子对曰："政者，正也。子帅以正，孰敢不正？"这些都是对统治者本身的要求。只有统治者、上位者立好自己的位，尽好自己的责，修好自己的德，别人对你的尊敬、忠心就会自然得来，无须强求。选拔人群中优异者赋予职责，教化人群中不能者，则人人上进、社会进步。为政的关键还是自身的修养，施政与用人只是为政者德行的外显。德行好则施行的政策也好，德行差则施行的政策也差，为政者的所作所为都是其内在德行的"影子"。为政者需要从自身做起，不求外而求内。自身的光辉越大，照亮的空间也越大，反求诸己是为政之道。

5．或谓孔子曰："子奚不为政？"子曰："《书》云：'孝乎惟孝，友于兄弟。'施于有政，是亦为政，奚其为为政？"

【注释】

或：有人。

奚：为何。

《书》：《尚书》。

施：延及，延伸。

【译文】

有人对孔子说："你为什么不从政呢？"孔子说："《尚书》上说：'孝就是孝敬父母，友爱兄弟。'把孝悌延及政事，就是为政，这难道不也是为政吗？"

【感悟做人】

做好自己是关键，不要好高骛远。

一些人认为，为政就是当官，当官就是为政，没有当官就无法为政，所以才有了本章中的问答。有人问孔子：你为什么不去当官为政啊？孔子说：在家孝敬父母、友爱兄长就是为政，这难道不也是为政吗？孔子告诉世人一个道理：不要总是忘了自己当下所在的"位"，而一味地追求目前所不能及的"位"，这样反而让自己好高骛远、不着边际。

本章是讲位与分的关系，也讲近与远的关系。人天生就有自己的位。在儿女的位上，就应孝敬父母、友爱兄弟，在此过程中涵养自己的德行，处理好人与人之间的关系。假如有机会，则延及这种孝悌之道到为政上，让全天下的人都孝敬父母、友爱兄弟。假如没有从政的机会，就做好自己本位的工作，不要好高骛远。孔子是一个很实际、很人性的圣人，他从不夸夸其谈。他教导弟子"己欲立而立人，己欲达而达人""能近取譬，可谓仁之方也已"。

孔子论为政总不离人道。政道是为人道服务的，政道是为教化民众成为有德君子服务的，不能脱离人道而为政。故身在家庭中，尽好人子之道就是为政。

社会上总有一些人想方设法让自己的名气增加、影响力扩大、发言权提升，试图影响他人、改变自己，可到头来连自己的品德都没有修好，连做儿女都不合格，用什么来影响他人？又会影响他人向何方？自身修养不够，也可能是播其恶与民众，不是造福而是造孽。

6．子曰：道千乘之国，敬事而信，节用而爱人，使民以时。

【注释】

道：领导、治理义。

千乘之国：乘，四匹马拉一辆车为乘。有一千辆兵车的诸侯国，为千乘之国。

国：诸侯所在的封地，诸侯国。

人、民：人，住在邦国之内的，受文化教育较高的人。民是指住在城外郊区的庶民百姓。

敬：恭敬，用心做事，认真做事。

信：守信，讲信，信任。人民对为政者的信任源于为政者认真负责地为民众办事。人民一旦丧失对为政者的信任，则民心尽失，政权即丢。

【译文】

孔子说："治理拥有千辆兵车的诸侯大国，就应当严肃认真、恭恭敬敬地对待自己所从事的工作；讲求信用，而不欺愚百姓；节省开支，不奢侈浪费；爱惜人才，役使老百姓应该在农闲时间。"

【感悟做人】
恭敬之心是讲信、节财、爱才、爱民的根本。

治理一个大国，不是靠手段和权术，其根本是德治。敬是德之本，民信、节财、爱才、爱民均是德之迹，再次强调政是德之迹、德是政之本。为政者自身的"德"是本，做事使民是末。修好自身的德是自立，为政是立人。修好自身的德是自达，为政是达人。中国历史上清官能吏比比皆是，都以其德赢得万古芳名，如海瑞、包拯。

恭敬地做事就能赢得百姓信任，对自己生活节省而却爱护自己的子民，使唤老百姓要在农闲时，不要占用农忙时节，这些都是为政者需要处处用心之处。孔子对为政者的要求，最看重的是其用心和品德。有一颗处处为百姓着想的心，则凡事都会有不错的发展，这与当下的"不忘初心、牢记使命"异曲同工。

若为政者不修自身之德，从无恭敬之心，一味追求权力、职位、言而无信、奢侈浪费、挥霍公款、嫉贤妒能、奴役百姓，如果这样的人为政，无疑是驱民毁政、祸国殃民。

7. 子曰："夷狄之有君，不如诸夏之亡也。"

【注释】

夷狄：东夷、南蛮、西戎、北狄。古代中原地区对周边地区的称呼，谓之薄文化，少礼乐。

诸夏：古代中原地区华夏族的自称。衣冠之美谓之华，礼仪之美谓之夏。华夏就是文化的代称。

亡：同"无"。古书中的"无"字多写作"亡"。

【译文】

孔子说："夷狄地区（文化落后地区）虽然有君主，不如中原诸国没有君主呢。"

【感悟做人】

文化是一个民族最强大、最核心、最持久、最重要的力量。

一个民族，一个国家，其仪式、制度、法令、君王、诸侯、官吏、习俗、饮食、服装、语言等都是这个民族、这个国家区别于别的民族、别的国家的根本特征，其内在的文化价值观在起主导作用。这些能看得见、听得到的都是"文"的表现，"文"的背后有一个"质"。儒家文化的核心是"仁"，表现形式是"礼"，由"仁"发展完善为"德"，无"仁"的"文"只是徒有其表。孔子说夷狄地区虽然有君王、制度等一系列的"文"，但这些"文"背后的"质"却不是"仁德"，或许是霸道，或许是野蛮杀戮，因此蛮夷地区文化的"质"是低层次的，是野蛮的，是由丛林法则决定的。

中原地区虽无君王，但其为政以德的礼乐制度依然存在，因此"夷狄之有君，不如诸夏之亡也"。孔子在这里是强调文化对一个民族的重要性。

谈到"文化"两字，请你务必了解，文化不是一种知识，它是一个民族的精神面貌，是这个民族血脉、性格和精神家园。它关系到在多民族的竞争中，一个民族能走多快，能走多远，能有多强，能有多优。它关系到一个民族的命运，决定了在多民族的竞争中一个民族是昌盛，是停滞，还是趋于灭亡。在我们力求建设自己的时候，只要触及文化，我们就应探索文化的真精神。如果我们还想自尊自豪地永久立足于世界民族之林，我们在面向未来的同时，就应把我们文化中的优势发掘出来。

中华文明是世界四大文明中唯一一个没有中断的文化，是中华民族对人类智慧的伟大贡献。假如有人问"你认为最先进的文化是什么"，我会毫不犹豫地告诉他："中华文明。"一个流传了五六千年仍然蓬勃向上的文化难道不是最先进的吗？请重视中华民族的文化吧，因为我们都是中华儿女。

8．子曰："能以礼让为国乎，何有？不能以礼让为国，如礼何？"

【注释】

何有：意为"何难之有"，即不难的意思。

如礼何：要礼做什么？

【译文】

孔子说："能够用礼让来治理国家，那还有什么困难呢？不能用礼让来治理国家，要礼做什么呢？"

【感悟做人】

礼，身之干，政之舆也，王之大经也。——《左传》

《礼记·曲礼》云："道德仁义非礼不成。"礼是道、德、仁、义的载体，是为政以德的载体和平台，是自身修身的"利器"，是人与人之间和睦的润滑剂，是国与国之间的形式规范。失去了"礼"，如何教化百姓？失去了礼，如何让百姓文明谦让？失去了礼，如何治国？失去了礼，如何为政？

依法治国建立在以德治国的基础之上，也就是说法律也要为道德服务。没有以德治国的根本，依法治国的效果只是"民免而无耻"，一旦因为动荡或战乱，法律无法约束百姓时，则社会将陷入弱肉强食中，不以"礼"治国则后患无穷。

9. 子曰："民可使由之，不可使知之。"

【译文】

孔子说："可以让老百姓知道如何做，不要使他们知道为什么要这样做。"

【感悟做人】

对有些人告诉如何做，比告诉为什么这样做更为重要。

很多人认为这句话是孔子"愚民"思想的典型代表，那真是冤枉了圣人。正如子贡所言："一言以为知，一言以为不知，言不可不慎也。"说这些话的人只能显示出他自己学识的浅陋和思想的猥琐，与千古圣人、万世师表又有何干？"人虽欲自绝，其何伤于日月乎？多见其不知量也。"

本章显出孔子教育思想之伟大。人性虽善，但非人人都能明心见性。在教育过程中，一定会有资质高低之别、悟性优劣之分，如给小朋友讲高等数学就不合适，不是老师不会教而是不能教。小朋友的接受能力有限，强行教只会害了孩子。因材施教，是孔子的"专利"，他岂能不知？孔子的思想博大而精深，非人人都能领会精通，因此孔子专门制定了相应的教学方法"礼入"和"理入"。"礼入"就是将做人做事的道理通过礼仪典章、行为动作、洒扫应对、衣冠文物、戏曲歌赋等表现出来，便于普通民众学习模仿，易于传播、教化，就是"约之以礼"。"理入"就是指每个"礼"背后所蕴藏的天地大道、人伦之序，这部分不是不教而是不能教，这就是"博我以文"，主要教给知识分子、士、

大夫等程度高的人进行学习和研究。正因为孔子有如此高明的教育思想，并将"礼教"融入中国人生活的方方面面，如家礼、婚礼、寿礼、丧礼、祭礼等，中国人才能从小浸润在"礼"的环境中，学习做人做事的道理，即使山野村夫、顽童愚孙、白丁文盲都能在生活中模仿"礼"而学会待人接物、修身养性。单就这一点，孔子不愧为伟大的万世师表。

现在想想自己的爷爷、奶奶，字不识一个，行不出乡里，但其为人处事、人情世故、起居应酬，都井井有条、合情合理、练达通透，让我这个读书多年者自愧不如、羞愧难当。这就是"礼"教的力量。我们应对自己民族的文化抱有温情和敬意，不要做不肖子孙、无知儿郎。

10. 子贡问政。子曰："足食，足兵，民信之矣。"子贡曰："必不得已而去，于斯三者何先？"曰："去兵。"子贡曰："必不得已而去，于斯二者何先？"曰："去食。自古皆有死，民无信不立。"

【注释】

子贡：孔门十哲之一，擅长言语，儒商鼻祖。

问政：请教治理国家的方法。

足：使……足。

信：信任，信仰。

【译文】

子贡向孔子请教治理国家的办法。孔子说："衣食无忧，军备强大，百姓信任。"子贡问："迫不得已必须去掉一项，三者中先去哪项？"孔子说："去掉军备。"子贡又问："迫不得已必须再去掉一项，两者中先去哪项？"孔子说："去掉食物。自古以来谁都会死，若百姓没有诚信，何以立于人世。"

【感悟做人】

为政者应知，百姓的信任比兵强粮足更为重要。

本章中通过子贡的善问，孔子给为政者在军事、民生、精神三个方面进行了排序，明确了三者的重要程度。首先，军事是一个国家、一个政权所不能少的。军事代表了保护这个集体、政权的空间安全能力。没有军事，一个国家就不可能有安全的生存环境、稳定的生活来源，也就是说军事保障了政权存在的空间环境。其次，吃饭是一个国家、一个民族、一个群体和个体生存的生理保障，有空间而无生理保障，何谈为政或为家？！最后，孔子用"自古皆有死，民无信不立"，极其坚定地告诉世人，精神、信仰的确立才是一个人、一个政权、一个民族能长久万世生存下去的最根本保障。

为政者需要非常清楚，教育百姓讲仁爱、有信仰、守诚信，则人人都是屹立不倒的"精神巨人"；有了这种文化和精神，则自然就能生存，自然就能开拓疆土，建立国家。有了良好的文化才能培养出自强不息的个体、团结强大的集体；反之，若不重视文化，把全部的精力放在军事和经济上，则人人以利为本、忙于钱财、信仰缺失、诚信丧尽、离心离德，军事和经济的支撑点何在？瓦解崩塌只是瞬间而已。为政者在百姓有基本的生存环境和生活保障后，最应花力气做的就是教化百姓，让其信仰坚定、人格高尚、勤俭工作。只要团结一心，则人人自会做好其他的一切事情。

中华民族历经苦难生存至今，辉煌过也衰落过，之所以能生生不息，靠的就是中国文化中的"自强不息、厚德载物"。以史为鉴，中华民族要想千万年屹立于世界民族之林，也必须靠中国文化。

抗美援朝战争是中国人民志愿军在装备、物质极度缺乏的情况下，同美帝国主义进行的一场极其艰苦的战争。志愿军不足兵、不足食，但志愿军有的是信仰，有的是精神，有的是捍卫祖国的钢铁意志，这是志愿军能战胜美帝的最强大力量。民有信，才是一个国家最内核的力量。

此章启发我们，一个民族的文化、一个民族的精神才是这个民族生存及自立的根本。一个不重视本民族文化的国家，是没有生命力的。

11. 哀公问于有若曰："年饥，用不足，如之何？"有若对曰："盍彻乎？"曰："二，吾犹不足，如之何其彻也？"对曰："百姓足，君孰与不足？百姓不足，君孰与足？"

【注释】

盍彻乎：盍，何不。彻，十分之一谓之彻。

二：十分之二。

【译文】

鲁哀公问有若："今年饥荒，财政困难，怎么办？"有若回答说："为什么不实行彻法呢？"哀公说："抽十分之二的税，我还不够用，怎能实行彻法呢？"有若说："百姓富足了，您怎么会不富足？百姓不富足，您又怎么会富足呢？"

【感悟做人】

为政者要藏富于民。

为政者要以德为政，不是以财为政。鲁哀公碰见年景不好时，首先想到的不是百姓的日子不好过，不是为政者应如何救济灾民，而是如何增加赋税、搜刮民财，为自己的私欲服务，这就违背了为政以德的原则。有若告诉其为政以德的措施就是让利于民，就是德政。百姓生活富足，人口兴旺，庶民归来，才能国富民强，这是长远之计、王道之政，但鲁哀公似乎听不进去。

做人也是如此，让利于他人，别人得到了利，你得到了德，信任增加、人脉扩展，何愁富足不了？若争利不休，即使得了利却失了德，何利之有？"德者，本也，财者，末也"，为政做人以德为基础，君子不是不争，但争的是德，以礼相争，先德后利。

12. 子曰："听讼，吾犹人也。必也使无讼乎！"

【注释】

听讼：讼，诉讼。审理诉讼案件。

使无讼：使人们之间没有诉讼案件。

【译文】

孔子说："审理诉讼案件，我同别人也是一样的。（为政的目的就是）无人来诉讼！"

【感悟做人】

无讼才是为政的努力方向。

孔子说自己审理诉讼的水平、方法、手段与别人没有什么区别，也没有什么高明之处。要说有什么特别之处，就是孔子希望通过为政者教育教化百姓而使诉讼不会发生。如何才能使诉讼不会发生？方法只有一个，就是"为政以德"。当执政者以身作则、以德育人、秉公执法、道之以德、齐之以礼，社会正气弘扬，民心一心向善，人人亲其亲、长其长，孝悌忠信，重义轻利，守望相助，讲信修睦，夜不闭户，路不拾遗，何来诉讼？

有人会说，人心本恶，人性复杂，无讼是不可能实现的。但我们必须相信人人都希望生活在相亲相爱、和睦友善的社会中，都愿意生活在美好的"桃花源"中。只要人人有这个理想，为政者就应该朝着这个方向努力，而不是立足人性本恶而设计为政措施，使民众趋利避害、重利轻义。若教育、文化、制度的设计不是以德为中心，虽然财富增加了、军事增强了、科技发达了，但并不代表人心道德进步了。若民众的观念中利为大、义为小，那么为了争利而诉讼不断则是肯定的。

周朝时发生了这样一件事，虞（在今山西平陆县）、芮（在今陕

西大荔县）两国之君争田，久而不决，认为"西伯侯姬昌是有德之人，让他来裁定吧"。于是，两国国君一起来到周地。到了周边境，看到周人耕田的互让地埂，走路的互相让道；进入周都邑，又看到男女不同路，斑白不提携；到了周朝庭，更发现周人士让大夫，大夫让卿，有礼有节。两国国君非常惭愧，说："我们真是小人，不要再踏进君子的朝廷里了。"回去后，两国国君让出所争之地作为间原。周朝是中国历史上为政以德的典范，路不拾遗、夜不闭户、画地为牢都是对其当时的描述。看来夫子所说的无讼不是做不到，而是缺少为政以德的方针。

13. 季康子问政于孔子。孔子对曰："政者，正也。子帅以正，孰敢不正？"

【注释】

正：依道而行为正。正道即仁道，仁道即德道、王道。

【译文】

季康子问孔子如何治理国家。孔子回答说："为政就是实行正道。你本人带头行正道，那么还有谁敢不走正道呢？"

【感悟做人】

做好自己，感化他人。

无论为人还是为官，首要的是一个"正"字。孔子为政思想中，对为官者要求十分严格，正人先正己。只要身居官职的人能够正己，那么他手下的人和平民百姓，就都会归于正道。

孔子在这里强调了两点：第一做好自己，第二以正而行。何为"正"？正，就是人之本性。人之所以为人的本"性"，这个本性就是"仁性"，就是恻隐之心、辞让之心、是非之心、羞恶之心，由此而发展为人的德行。依此仁性而为政就是德政，就是王政，就是"正"道。由于特定的外部环境、内部状况不同，有时德政（仁政）表现为强制，有时表现为民主，有时表现为禁止，有时表现为自由，其内在是仁政，是正道。若内在不是从仁性出发，却妄言自由、民主才是真王道，是不可取的。

举个例子，父母对孩子的爱，有时表现为放任、有时表现为专制、有时表现为自由、有时表现为批评、有时表现为棍棒，这都是爱。智慧的父母把这种爱运用得恰到好处，愚钝的父母把这种爱运用得单调粗暴。爱本身没有问题，有问题的是施爱的方式、时机、力度，这就需要通过学习提高智慧，恰如其分地把合适的爱传递给孩子，让他们能感受到来自父母的爱。若父母心存恶念，无论给孩子的爱是如何丰富、如何充足，那么这种出自恶念的"爱"都会摧残孩子，损伤人性。

14. 季康子问政于孔子曰："如杀无道，以就有道，何如？"孔子对曰："子为政，焉用杀？子欲善而民善矣。君子之德风，人小之德草，草上之风，必偃。"

【注释】

无道：指无道的人。

就：成就。除恶扬善。

有道：指有道的施政。

偃：仆，倒。

【译文】

季康子问孔子为政的方法，说："若杀掉无道之人来成全有道之政，怎么样？"孔子说："您为政，何必用杀戮呢？只要您想行善，百姓也会跟着行善。君子之德好比风，小人之德好比草，风吹到草上，草就随着风向而倾倒。"

【感悟做人】

一个组织的风气由这个组织的领导者所决定和带领。

此章的君子是就位而言。在《论语》中，君子、小人经常对比出现，总体而言是两种情况：第一种，从品德上谈君子、小人。德高者为君子，品贱者为小人。第二种，从位上言，位高为君子，位卑为小人。

季康子作为鲁国大夫，位高权重，若有通过杀无道而成就有道的观念，则杀伐之气必然兴起。季康子如果举"行有道"的旗帜，行"杀无道"之实，这是很可怕的思想，所以孔子才要纠正季康子的这个想法。

孔子反对杀人，主张"德政"。用杀无道成就有道，是不正确的。处以刑法，杀存在程序上的不正确性，而刑则是正义之杀，是程序之杀，是德治的辅助。上位者应修身崇德，忠信而行，善理政事，要用德治，慎用杀罚之刑。暴虐之君治国无道，滥用杀罚，民怨沸腾，杀伐往往成为上位者情绪的延伸，这是无道之政。

孔子任鲁国大司寇，上任后七日就把少正卯以"君子之诛"处以刑法，曝尸三日。孔子在回答子贡等弟子的疑问时说，少正卯是"小人之桀雄，天下之大恶"，一身兼有"心达而险、行辟而坚、言伪而辩、记丑而博、顺非而泽"五种恶劣品性，有惑众造反之能力，不可不杀。孔子一面劝季康子不用杀，而自己却用了"杀"，为何？生活中，有些人用心奸诈、能言善辩、意志坚定、施惠于人，颇能赢得人心、聚众起事，这类人在孔子看来是属于大恶之人。少正卯官至大夫，非国君无人可以影响其行为，而鲁国国君赢弱，非能有此效果，这是其一。其二，少正卯在鲁国传播法家思想，宣扬与鲁国礼乐治国不同的意识形态，在孔子看来这就是在颠覆鲁国的文化根基、动摇鲁国的意识形态，是绝不能允许的。其三，孔子身为大司寇，有维护司法权威、维护德治的责任，有杀之权力、杀之责任，孔子杀少正卯是本职工作，因此才会有"君子之诛"。

从《论语》学做人

15. 子路问政。子曰："先之，劳之。"请益，曰："无倦。"

【注释】

先：带头。

之：百姓。

劳：劳其民。

益：增加，多些。

无倦：不厌倦，不松懈。

【译文】

子路问如何为政。孔子说："以身率先垂范，使百姓有工作。""请多讲一点。"孔子说："不要倦怠。"

【感悟做人】

在本位上以身作则、勤劳工作，周而往复，不知厌倦。

孔子告诉子路"要先天下之忧而忧，后天下之乐而乐"（大意如此），在百姓还没考虑之前要率先谋划、以身示范。创造就业机会，不让要百姓闲居在家，应当让其勤于耕耘、认真工作，如此才会体会劳动的光荣，体会人生的意义。而闲居无事则逸淫之心日生、懒恶之气渐起，对于社会风气和下一代没有任何益处。子路继续追问，孔子说不知厌倦地做好"先之劳之"即可。

"先之，劳之"，一个对己、一个对人，先立己再立人，率之以正为"先"，爱之与民为"劳"，担当不辍以"无倦"，平凡中透露着坚毅和伟大！

16. 仲弓为季氏宰，问政。子曰："先有司，赦小过，举贤才。"曰："焉知贤才而举之？"曰："举尔所知，尔

所不知，人其舍诸？"

【注释】

仲弓：冉雍。为人度量宽宏、仁而不佞，孔子称其"可使南面"。冉雍曾做过季氏的家臣，他为政"居敬行简"，主张"以德化民"。但在季氏"仕三月，待以礼貌，而谏不能尽行，言不能尽听，遂辞去，复从孔子。居则以处，行则以游，师文终身"。

宰：主管，这里指家臣。

赦：赦免。

举：选拔，任用。

【译文】

仲弓做了季氏的家臣，问怎样管理政事。孔子说："先设置具体的办事机构，赦免工作中的小过错，选拔任用贤能之人。"仲弓又问："如何知道是贤才并选拔出他们呢？"孔子说："选拔你所知道的，你所不知道的，人们会舍弃他们吗？"

【感悟做人】

为政之要在于培养和选拔人才。

冉雍问政于孔子，孔子告诉其要注意三件事。第一，先设置具体的办事机构，让具体部门负责办理，不要过多干涉。为什么要这样做呢？做过管理的人都知道，过多地干涉下级部门的工作，事无巨细，事必躬亲，不但事情做不好，结果还会让下级养成等靠要的习惯，不愿动脑筋，没有主动性，并养成事事请示、日日汇报的坏习惯，更不利于人才的成长和选拔。第二，赦免小的过错，既是领导者的胸怀，也是员工们的福利。谁人做事没过错，领导者要重其大者，并实施鼓励，有失误的地方要耐心教导，切不可用批评来代替教导。若吹毛求疵、追求完美，不但没有团队更无人追随，长期以往则贤能远离，留下者只有唯唯诺诺、畏缩不前之徒，既不能吸纳人才，也不利于员工的培养。第三，举贤才，选拔你知道的贤才，你所不知道的别人会举荐给你，就像徐庶举荐诸葛亮一样。是不是人才不能看出身、不能看门第、不能看学历、不能看荣誉，真正要看的是实际工作中的品德和能力，是否有主意、是否有能力非学历和出身所能决定，人才一定是有见识、有眼光、有主意的人。

　　孔子告诉冉雍的三件事情说到底就是一件——培养和选拔人才，组成团队。"先有司"是信任下属，体现人格。"赦小过"是包容下属，体现肚量。"举贤才"是吸引人才，体现境界。有此三条则人才辈出，何愁大事不成。

　　17. 子路曰："卫君待子为政，子将奚先？"子曰："必也正名乎！"子路曰："有是哉，子之迂也！奚其正？"子曰："野哉，由也！君子于其所不知，盖阙如也。名不正则言不顺，言不顺则事不成，事不成则礼乐不兴，礼乐不兴则刑罚不中，刑罚不中，则民无所措手足。故君子名之必可言也，言之必可行也。君子于其言，无所苟而已矣。"

【注释】

卫君：卫出公，名辄，卫灵公之孙。

待子为政：等你主政。

奚：什么。"子将奚先"，即子将先奚，你准备先做什么呢？

正名：即正名分。

迂：迂腐。

野：粗野。

阙：存疑的意思。

中：得当。

苟：苟且，马虎。

　　子路（对孔子）说："卫君等您去主政，您准备先从哪里开始？"孔子说："必须先正名分。"子路说："有这样的吗？您太迂腐了。如何正名？"孔子说："仲由，真粗野啊。一个君子对于他所不知道的，总是存疑不说。名分不正，则言语不顺，言语不顺则事就不成。事不成，礼乐也就不能兴盛。礼乐不能兴盛，执行刑罚就不得当。刑罚不得当，百姓就手足无措。所以，君子一定要有名分，有名分才可以发言，说了才能执行。君子对于自己说出的话，没有马马虎虎的。"

　　【感悟做人】
　　正名是为了做事，而不是为了声望。

　　历史上韩信拜将或诸葛亮拜军师，是为了虚名吗？当然不是，是为了做事。没有这个名，就没有这个位，有了这个位还要正正当当、光明正大、责权一致，否则虚名虚位如何做事？孔子说假如卫君让其当政，第一件要做的事情便是给自己正当的名分和职位，如此才能开展一系列的工作。因为自己有了这个位，便有了这个位上所赋予的名和权，这样才能说话管用。

　　从孔子的言语中可以看出第二层的意思便是兴礼乐，即先办教育，教育人民向善，教育人民懂礼仪、知廉耻。这正是为政以德的体现。第三层意思是辅之以刑罚，让刑罚作为礼治的辅助，法治为德治服务，如此百姓便走上正道，便知道哪些该做、哪些不该做，君子之名便与君子之德、君子之行相一致了。没有此名，则为政就是空谈，就是说了不算。

18. 子曰："其身正，不令而行；其身不正，虽令不从。"

【译文】

　　孔子说："自身正了，不发布命令，事情也会干成；自身不正，发布命令，百姓也不会服从。"

【感悟做人】
身教重于言教。

说得好不如做得好，事理一致，人心相通。说一套做一套是巧言令色，是缺德的表现，是表面功夫，没有内在的生命力。百姓洞若观火，岂能蒙骗。经典之所以是经典，就在于其有穿越时空的价值。其身正，不令而行，无论时空如何变化其都是亘古不变的真理。做好自己，以身弘道，道可行。

19. 子适卫，冉有仆。子曰："庶矣哉！"冉有曰："既庶矣，又何加焉？"曰："富之。"曰："既富矣，又何加焉？"曰："教之。"

【注释】
仆：随从驾车。

庶：众，人口多。

【译文】
孔子到了卫国，冉有随侍驾车。孔子说："人可真多呀！"冉有说："人多了，还要做什么？"孔子说："使之富裕。"冉有说："富了后还要做什么？"孔子说："教化他们。"

【感悟做人】
富之教之，千古圣理。

孔子不愧为至圣先师，其对事理大道的思考非普通人所能及。为政的终极目的就是弘扬大道，实现天下大同。而大道之行、天下大同的关键在于人心而非军事、经济和科技，但这并不是说不要军事、科技和经济，而是要明白先后、次第、本末的关系问题。孔子所言皆为教化人心、彰显明德服务，这样科技才能为人类的幸福服务而不是为战争服务，军事、经济亦是同理。

孔子看到卫国人口众多，发出感慨，说：人真多啊！学生也很会适时提问题：人多了怎么办？解决民生问题，让他们吃饱饭。吃饱了，怎么办？教育他们，让他们行孝悌、知廉耻。回顾新中国成立到今天，国家在解决民生的同时，毫不动摇地坚持"教育强国"的基本国策，普及义务教育，提高高等教育入学率，国民受教育水平达到历史最好水平，国民素质普遍提高，为民族振兴奠定了人力资源，可谓是对此章的现实解说。

20．子曰："苟正其身矣，于从政乎何有？不能正其身，如正人何？"

【译文】

孔子说："假如能让自身正，从政还有什么呢？自身不正，怎么正别人呢？"

【感悟做人】

从政的真正意义是正己正人。

从孔子的视角看，从政当官绝不是为了荣华富贵、功名利禄、光宗耀祖，其真正目的是"正人"，正人就是使人正，人正就是心从至善，听从良知，言行不被贪欲所蒙蔽。为了能正他人，从政者自身要正，正己而后正人，达己而后达人。从政最重要的素质就是自己品行端正，无歪风邪气。

21．定公问："一言而可以兴邦，有诸？"孔子对曰："言不可以若是其几也。人之言曰：'为君难，为臣不易。'如知为君之难也，不几乎一言而兴邦乎？"曰："一言而丧邦，有诸？"孔子对曰："言不可以若是其几也。人

之言曰：'予无乐乎为君，唯其言而莫予违也。'如其善而莫之违也，不亦善乎？如不善而莫之违也，不几乎一言而丧邦乎？"

第三篇 做人与为政

【注释】

其几也：几，同"冀"，希望。"若是其几"是固定句式。

予无乐乎为君，唯其言而莫予违也：作为国君我没有什么可以乐的，只有说出的话别人没有敢违抗的。

【译文】

鲁定公问："一句话就兴邦，有吗？"孔子答道："说话不可以有这般期望啊。有人说：'做君难，为臣不易。'如果知道了做君之难，那就几乎可以一言兴邦。"鲁定公又问："一句话可以亡国，有吗？"孔子回答说："说话不可以有这般的期望啊。有人说过：'作为国君我没有什么可以乐的，只有说出的话别人没有敢违抗的。'如果说得对而没有人违抗，不也好吗？如果说得不对而没有人违抗，那不就近乎于一句话可以亡国吗？"

【感悟做人】

善言兴邦，恶言丧邦，民主集中、从善如流是为政之要。

对于鲁定公的提问，孔子实际上给予了肯定的回答。他劝告定公，应当行仁政、兴礼乐，不应以国君所说的话无人敢于违抗而感到高兴，这是值得注意的。作为在上位的统治者，一个念头、一句话如果不当，就有可能导致亡国丧天下的结局。

"为臣难，为君不易"是心怀天下、心怀他人、团结一心的有德表现。"予无乐乎为君，唯其言而莫予违也"是专制自私、没有倾听谏言的心胸。前者臣之心声，后者君之专制，一言兴邦者在于君臣一心，一言丧邦者在于君主专制。

在日常生活中也是如此。一个人如果有仁心，愿意听取他人建议，有智慧，能根据实际情况分辨建议是否采纳，有勇气，能够将正确的决定执行下去，则家庭兴旺、事业有成。反之，无吸纳建议的胸怀，无鉴别真伪的智慧，无付诸实施的意志，则一切枉然。

22. 叶公问政。子曰："近者悦，远者来。"

【译文】

叶公问孔子怎样管理政事。孔子说："使近处的人高兴，使远处的人归附。"

【感悟做人】

近悦远来是仁德使然。

为政之要在于实行仁政，使得身边的人生活安逸、心情无忧。远处之人闻之而来，是天下归心的表现。若要达到这一点，非文王之德无可为，修文德以来，来之则安，来因德，安也因德。

叶公是楚国地方官，有管理一方的权力。他来问政，自然是有希望所辖地区的治理更上一层楼的想法。孔子给出了治理的顺序和需要达到的效果：让近地的人能安居乐业、心情舒畅、生活幸福，让远方的人心生羡慕，迁居而来。"悦"，是对物质生活和精神生活的双重满意；"来"，是心灵的向往，对未来的希望。孔子给叶公这样的建议，目的是希望他从所管理区域做起，从近及远，由悦而来。

23. 子夏为莒父宰，问政。子曰："无欲速，无见小利。欲速则不达，见小利则大事不成。"

【注释】

莒父：莒，音 jǔ。鲁国的一个城邑，在今山东省莒县境内。

【译文】

子夏做莒父的主管，问孔子怎样办理政事。孔子说："不要求快，不要贪求小利。求快反而达不到目的，贪求小利就做不成大事。"

【感悟做人】

财是小利，德是大事。

欲速是求快、求果，不是求德。德乃人之本性使然，需浸润熏陶、润物无声，在博文约礼中涵养功夫，培养风气，教化人心。其虽然速慢，但根深，根在心中。而求快则根浅，遇风易摧。贪小利者心在财，贪大利者心在德，以德为利是大利，以财为利是小利，有大德者必有大财，有小德者无有大财。究其根本，为政者要以德为本。

24. 叶公语孔子曰："吾党有直躬者，其父攘羊，而子证之。"孔子曰："吾党之直者异于是：父为子隐，子为父隐，直在其中矣。"

【注释】

党：乡党，古代以五百户为一党。

直躬者：行为耿直的人。

攘：偷。

证：检举。

隐：隐瞒。

【译文】

叶公告诉孔子说："我家乡有个正直的人，其父偷了羊，他告发了父亲。"孔子说："我家乡的正直人和你家乡的正直人不一样：父亲为儿子隐瞒，儿子为父亲隐瞒，正直就在其中了。"

【感悟做人】

隐在术而直在心。

无论是父偷羊还是子偷羊都是不道德的，都是道德所唾弃的。作为子女孝顺父母，作为父母慈爱儿女，为人父母给子女做好榜样是正道，是大经，若出现父亲偷羊的事情，作为儿女替父亲隐瞒，是人性之直的表现，表现出的是父子之间的善良和真情。这只是儿子对父亲这件事情的权变应对，并非儿子赞同父亲偷羊。儿子告发父亲不是从人性之仁生长出来的"直"，仅仅是方法层面之"直"，是低级的"直"，是对人性之仁有损伤的"直"。当然，不是说所有的事情儿子都要替父亲隐瞒，也要看情形而变。无论儿子如何隐瞒、如何劝谏，父亲都恶习难改，甚至造成对别人、对组织、对民族、对国家的利益造成了重大损失，为防止父亲进一步陷于不"义"，给父亲带来杀身之祸，自然就要检举告发，这也是人性之善、人性之直。若只是羊或小物件，儿女则重在劝谏父亲改正，使父亲回归"父道"。

本章第二层意思是说法律要为人性的善良服务，要为人性之仁服务。换言之，法律之核心也是"为政以德""为政以仁"。若法律条文或法律规定鼓励或张扬了人性中的恶性，则此法为恶法，将使人性向恶的方向发展。如秦朝法律鼓励亲人间互相检举，实行连坐制度，这都是对人性恶的鼓励和开发，人性温情则荡然无存。

25. 子张问孔子曰："何如斯可以从政矣？"子曰："尊五美，屏四恶，斯可以从政矣。"子张曰："何谓五美？"子曰："君子惠而不费，劳而不怨，欲而不贪，泰而不骄，威而不猛。"子张曰："何谓惠而不费？"子曰："因民之所利而利之，斯不亦惠而不费乎？择可劳而劳之，又谁怨？欲仁而得仁，又焉贪？君子无众寡，无大小，无敢慢，斯不亦泰而不骄乎？君子正其衣冠，尊其瞻视，俨然人望而畏之，斯不亦威而不猛乎？"子张曰："何谓四恶？"子曰："不教而杀谓之虐；不戒视成谓之暴；慢令致期谓之贼；犹之与人也，出纳之吝谓之有司。"

【注释】

尊五美，屏四恶：尊崇五种美德，屏除四种恶政。

惠而不费：给民众实惠却不费财物。

无众寡，无大小，无敢慢：无论人多人少，无论事情大小、地位高低，都不轻视怠慢。

不戒视成：不事先告诫，临时责其完成。

慢令致期：放松督促，不勤检查，临到结束，却要求急速完成，缓于前而急于后。

犹之与人：反正要给人家（无论如何都要付给别人工钱，又何必小气抠门）。

【译文】

子张问孔子说："如何做才可以治理政事呢？"孔子说："尊崇五种美德，摒弃四种恶政，这样就可以治理政事了。"子张问："五种美德是什么？"孔子说："君子要给百姓以恩惠而却无所耗费；使百姓劳作而不使他们怨恨；要追求仁德而不贪图财利；庄重而不傲慢；威严而不凶猛。"子张说："怎么称为给百姓以恩惠而却无所耗费呢？"孔子说："依对百姓所有利的而引导之，这不就是对百姓有好处而不用花费吗？选择可以让百姓劳作的时间和事情让百姓去做，又有谁会怨恨呢？想要仁德便得到了仁，又怎会有贪呢？君子对人多人少、地位高低，都不怠慢他们，这不就是安泰而不傲慢吗？君子衣冠整齐，容貌庄重，见了就让人心生敬畏，这不就是威严而不生猛吗？"子张问："什么叫四种恶政呢？"孔子说："不经教化便加以刑戮叫作虐政；不劝诫教导却要求圆满完成叫作暴政；刚刚下的任务却要马上完成叫作贼政；同样是给人财物，却出手吝啬，叫作小家子气。"

【感悟做人】

遵崇"五美"，摒弃"四恶"，是为政者需要人人具备的素质。

为政者若做不到五美，最起码不能实行四恶。然而，历朝历代有多少为政者借助权势而滥用恶政，自己却不以为然。为政者有此情况是在上位者选人不当、上位者教育培训不到位而造成的。

本章还是为政以德的延展，为政者能做到尊崇五美，是为政者本身德行的张扬，其因势利导、教民于仁、平易敬人、恭敬农事，自然人心向上、仁政畅行。为政者有此四恶，也是为政者之德行浅薄，私欲熏心，心无仁德，胸无百姓，做事没有章法，缺乏爱心，必导致人民离心离德，政权丧失，甚至人心趋利，道德滑坡，世风日下。

惠而不费：给百姓好处却不费财物。举个例子，给偏远地区的人民修通道路，普及教育，完善基础设施，实行符合实际的政策，百姓逐渐脱贫致富，好礼勤劳，就是惠而不费。改革开放初期包产到户、特区开放、振兴乡镇企业等均是惠而不费的生动写照。

劳而不怨：劳而怨是因为百姓心中认为不值得、不合理才会有怨气。在农忙时让他们去修防御工事，耽搁了农事；做了样子工程、面子工程，劳民伤财，百姓才会有怨气。劳而不怨是付出的劳动值得，当政者所做的事正是百姓希望做的事，上下一心，愿望相同，何来怨？

欲而不贪：欲和贪的区别主要在度，正常合理的需求是欲，超出合理需求的是贪；自己的需求是欲，占去他人的财物是贪。贪是对欲的超越和发展，是不正常不合理欲望的膨胀。引导和教育百姓"欲仁而得仁"，则不贪。

泰而不骄："泰"是自信，是坦然，是本就如此，是心态平和。"骄"是高估自己，是自我炫耀，是自我膨胀，言语中总是隐含着"我厉害、我聪明、我高贵、我与众不同"的意思。泰然处之有时会让人误解为骄傲和不搭理人。泰和骄的差别很细微，体现的是修养的高低。同样一件事，德厚者表现为泰，德薄者表现为骄。

威而不猛：威是因品德、能力而让对方肃然起敬的感受，猛是通过情绪发泄而给人造成的影响；威是内在的感受，猛是外在的力量。威需要从正衣冠、正颜色做起，是自我修养达到一定程度后自然而然的气质。

不教而杀谓之虐：不告诉什么该做、什么不该做，却不问青红皂白地批评人，甚至刑戮人，这就是虐政。现实生活中这样的情况也很常见。把一个人放在全新的岗位上，既不培训也不传帮带，只是一味地批评其工作不得力，这就是虐政。

不戒视成谓之暴：不事先告诫，到时候却突然要查验他成功没有，这叫暴。你布置了任务，就要跟进管理，经常督促、跟催、检查、辅导。如果布置了任务就不管，到时间突然来检查事情成功没有，这就叫暴。领导不能布置了任务就等到时间来收获成果。如果这就是领导，那么做领导岂不是太容易了。领导领导，要带领，要辅导，否则就是暴。

慢令致期谓之贼：下命令的时候，拖拖拉拉，而一旦下了命令，对你的完成日期却非常严苛，时间紧、任务重，毫不体恤别人，完不成就处罚，这样叫贼政。现实生活中，这种的事例比比皆是，今天布置任务，明天就要结果，逼着下级通宵加班。这体现出的是管理水平和领导水平的不足，也是个人修养的缺憾。

犹之与人也，出纳之吝谓之有司：本来就要给人财物，但是在出纳的时候，在真要给出去的时候难受、不舍得、不想给，分批分期，好像他是替人保管钱财的有司，小心翼翼，小气兮兮。这样的人做不得领导！

第四篇

做人与名位

【前言】

名与位

在下图的太阳系行星图中，每一颗行星都围绕着特定的轨道在运行，周而复始，经久不变。

the solar system

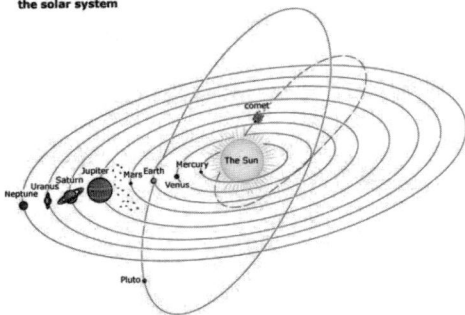

每颗行星所运行的轨道是由其质量、速度所决定的，其中任何一

颗改变都会导致其轨迹发生变化；反之，在质量和速度不变的情况下，其运行轨迹一旦改变必然导致离开或坠落。可见，任何一颗行星所处的"位"是由其本身的属性所决定的。

生活在人类社会之中，人有如行星一样的"位"，而自己的品德、能力、血缘是决定你的"位"的基础和条件。你处于什么样的"位"，便有了与之对应的"名"，以及与之相匹配的"相""权""责"。正确地认识自己的"位"，充分履行与位相对应的责、权、利，是做出正确言行的基础和前提。在不同的"位"上，恰当地完成这个"位"所赋予的义务，可谓"名位相符"。

当一个人以胎儿的形式在母亲体内开始孕育时，他便有了自己的第一个位——"人"，因为他具备人之所以为人的基因、体貌、特质，尤其具备了区别于动物最核心的人之本性。

待其出生后，他（她）开始有了人的第二个位——儿子或女儿。在儿子或女儿的这个"位"上，其职责就是"孝"。孝是由人性发展而来的"德"。如何正确地尽好这个位上"孝"的责任，则必须通过用心学习，掌握身体健康成长的方法、安全防范意识、洒扫应对的礼仪、兄弟姐妹相处的道理，方能尽其性，致其孝。

慢慢地，他（她）有了弟弟、妹妹，第三个位——哥哥或姐姐出现了。在这个"位"上，职责是"悌"，悌是孝的延展，是孝的扩大。为了能更好地履行对兄弟姐妹的"悌"道，必须通过学习，方能懂得道理，掌握方法，知书达礼，和睦兄弟姐妹。

再接着，他（她）开始上学了、工作了，有了老师，有了同学，有了领导，有了同事，有了朋友。他（她）开始有更多的"位"，学生的位，同学的位，朋友的位，职员的位。在学生的位上要"尊师重道"，在朋友的位上要"信义待人"，在职员的位上要"恭敬做事"，在同事的位上要和睦相处。广而言之，每个人都不能忘了，我们生活在这片天空下、这块土地上，有一个共同的名字"中国人"，自然要尽"中国人"这个位上的责任——"爱国"。

时间让他（她）到了成家婚配的年龄，他（她）开始有了新的身份、新的"位"——丈夫或妻子。在这个"位"上，职责便是"夫妇有别"，这也是"孝"的扩展。此时，他（她）还有了女婿、媳妇等众多的"位"。不同的"位"有不同的"名"，有多少个"名"就有多少个"位"，每个位上都有与之匹配的"责权利"。

待到有了孩子，为人父母的"位"也随之而来。当好父母，更是大"位"，更是大"名"。

总之而言，这就是中华传统文化的"五伦关系"。五伦关系确定了人群之中最基本的人际关系和最重要的"位"。五伦，即君臣、父子、兄弟、夫妇、朋友五种人伦关系。"父子有亲，君臣有义，夫妇有别，长幼有序，朋友有信。"每个位上的核心原则是十义：父慈、子孝、兄良、弟悌、夫义、妇听、长惠、幼顺、君仁、臣忠。

五伦中分为天伦和人伦，天伦是不以自己意志为转移的，人伦是可以进行选择和取舍的。父子、兄弟关系是天伦关系，夫妇、君臣、朋友属于人伦关系。在天伦中尽天职，在人伦中尽人职，天职无可推卸，人职尽心尽力。

在自己所处的位上尽好自己的职责就是"素位而行"，不说与"位"不相匹配的话，不做与"位"不相匹配的事，不悖逆与"位"不相适应的"理"，依位而行、依礼而为。在自己最原始的"人"位上修养品德，提升能力，逐渐扩展自己的位，造福更多的人。

一个不明白自己的"位"、不珍惜自己的"名"、不修养自己德行的人是糊涂人，是昏德之人。

明白自己的位，素位而行，修德深造，方是为人之本。

【知识点】

1. 人区别于动物最核心的是"仁"，即人之本性。

2. 人的第一个"位"是"人"。

3. 五伦关系是生活之中最基本和最重要的"位"。五伦，即君臣、父子、兄弟、夫妇、朋友。

4. 五伦分为天伦和人伦两类，天伦是不以人的意志为转移的，人伦是可以选择的。父子、兄弟关系是天伦，夫妇、君臣、朋友是人伦。

5. 在自己所处的位上尽好自己的职责就是"素位而行"

【思考】

1. 有人总喜欢说长论短，请你根据"素位而行"的原则来劝劝他。

2. 一位三十岁上下的职员，给她的上司递了一封辞职信："世界这么大，我想去看看。"请依照"位"与"责"的关系，分析一下该职员身上各个位的责任。

3. 学生对老师说："我交了学费，你就不要管我，学不学是我的事，不要烦，好吗？"请从这个学生所具有的"位"和这个老师所具有的"位"上分析一下学生的说法，以及老师应如何劝说。

【《论语》经典章句赏析】

1. 曾子曰："吾日三省吾身：为人谋而不忠乎？与朋友交而不信乎？传不习乎？"

【注释】

曾子：孔子的弟子，名参，字子舆。

省：察义。反省。

谋：策划，出谋献计。

忠：尽己之谓忠。居心行事，没有虚假。

交：交往，合作。

信：实也。

传：己之传于人。

习：践行，应用。

【译文】

曾子说："我每天都要做多次自我反省：做事有没有尽心尽力？与朋友交往有没有诚实守信？老师传授我的学业是否复习了呢？"

【感悟做人】

慎独是对自己德行最好的检验。

儒家十分重视个人的道德修养，以求塑造成理想人格。在当代社会中，我们也应时刻反省自己。每天睡觉之前，想想今天做事是否尽心尽力；与同事朋友交往有没有虚情假意、虚言妄语；自己传授给他人的道理是不是自己日常践行的，是否表里如一。为人谋是对上，是忠。与朋友交是对等，是信。传并习是对下。上、中、下三个维度，把与自己相处的所有人全部囊括进来，说明曾子表里如一，时时处处都在涵养修德。

曾子告诉我们，做人要尽好自己的本分，如在谋事的岗位上就要尽忠，在朋友的本位上就要尽信，在老师的本位上就要传习并重，日省多次，检查身心，做到居仁由义、本本分分。

2. 子夏曰：贤贤易色；事父母，能竭其力；事君，能致其身；与朋友交，言而有信。虽曰未学，吾必谓之学矣。

【注释】

子夏：姓卜，名商，字子夏，孔子的学生，比孔子小44岁，生于公元前507年。孔子死后，他在魏国宣传孔子的思想主张。

贤贤易色：以贤德为贤，不以色为贤。重视自身品德不重外表打扮。

易：改变。

竭：尽义。

致：尽义。

【译文】

子夏说："重视内在贤德轻视外在容色；侍奉父母，竭尽全力；侍奉君上，尽己所能；同朋友交往，诚实守信。这样的人，尽管他自己说没有上过学，我一定说他已经学过了。"

【感悟做人】
真正的学习不是学历高低，而是修德做事。

此章非常明确地表达了儒家对学问的定义。何为学？学就是敬业修德，就是能做好自己应做的每一件事。本章从三类关系角度阐述一个人在与父母、君臣、朋友相处时应尽的本分，同时也明确表达了子夏对何为学的观点。从自己本性出发，在不同的位上尽职尽责就是最高的学问，就是最好的德行。若学历很高、能力很强，却在本位上不忠不孝、言而无信，这是儒家所不齿的。

学问高低在于人情处事之通达与否。学历仅代表知识多少，不代表处事是否通达。

3. 子禽问于子贡曰："夫子至于是邦也，必闻其政，求之与？抑与之与？"子贡曰："夫子温、良、恭、俭、让以得之。夫子之求之也，其诸异乎人之求之与？"

【注释】

子禽：姓陈名亢，字子禽。郑玄所注《论语》说他是孔子的学生，但《史记·仲尼弟子列传》未载此人，故一说子禽非孔子学生。

子贡：姓端木，名赐，字子贡，卫国人，比孔子小31岁，是孔子的学生，生于公元前520年。子贡善辩，孔子认为他可以做大国的宰相。据《史记》记载，子贡在卫国做了商人，家有财产千金，是春秋时期赫赫有名的巨商，后世尊其为儒商的鼻祖。

夫子：这是古代的一种敬称，凡是做过大夫的人都可以取得这一称谓。孔子曾担任过鲁国的司寇，所以他的学生们称他为"夫子"。《论语》中所说的"夫子"，都是孔子的学生对他的称呼。

邦：指当时割据的诸侯国家。

抑：表示选择的文言连词，有"还是"的意思。

温、良、恭、俭、让：就字面理解即为温和、善良、恭敬、俭朴、谦让。这是孔子的弟子子贡对他的概括和赞誉。

其诸：语气词，有"大概""或者"的意思。

【译文】

子禽问子贡说："老师到了一个国家，总是要听闻这个国家的政事。是老师自己乞求的呢，还是人家国君主动告诉他的呢？"子贡说："老师是靠温、良、恭、俭、让的素质而得到的，老师求的方式与别人求的方式是不一样的。"

【感悟做人】

求人不如求己。

子禽问子贡：为什么老师到了一个国家，都有人向他咨询治国安邦的政略？是老师求来的呢，还是别人愿意问他呢？子禽的这个问话很苛刻，假如夫子总是厚着脸皮去求人家，这有什么意思呢？子贡告诉子禽，夫子是因为自身的修养很高，具有温良恭俭让的德行，别人自然就愿意请教夫子如何治国理政。

这里告诉我们一个普适的道理：一个人不要总是央求别人办事，这无助于成功，更无助于德行的养成。一个君子应该立在自己的位上，认真地修养自己的德才，深造其道，其他的自然而然会来，要求就求自己，人性俱足，无须外求。有人会说，这个项目要想成功，一定要求人，说明此人还是重财非重德。重德者求自己，行正道，不必外求；重财者，一无所有，只能求人。

另外，温、良、恭、俭、让是子贡对孔子的体会和总结，其实孔子从没有感觉自己有温、良、恭、俭、让的特点和表象，他只是依仁而做、以礼而行。其内在仁德之醇厚自然表露出温良恭俭让的外象，是和顺积中而英华发外的自然流淌。温，如春风化雨让人舒服；良，处处从善意出发，从良知出发，漫入对方心灵，似有灵犀，同频相应，好似知音；恭，言行实实在在，稳稳当当，敬字当头，笃实可靠；俭，不烦琐，不拖沓，主次分明，重点突出，生活简朴，清雅通俗；让，总是站在别人角度，进入别人内心，体谅他人疾苦，先人后己，先义后得。

4. 孔子谓季氏："八佾舞于庭，是可忍也，孰不可忍也？"

【注释】

佾：列，行。佾是奏乐舞蹈的行列，也是表示社会地位的乐舞等级、规格。一佾指一列八人，八佾八列即六十四人。按周礼规定，只有天子才能用八佾，诸侯用六佾，卿大夫用四佾，士用二佾。

【译文】

孔子说："季氏以八佾之舞，在他的家庙庭中舞之。（是可忍也）这种事，季氏犹可忍心为之。（孰不可忍也）他还有何事不可忍心为之？"

【感悟做人】

不享受与自己不相配的待遇。

春秋末期礼崩乐坏，有些有权有势的卿大夫僭越周礼，自行其是，越制享受。这表明周天子已经失去权威性，名存实亡。周公制礼作乐是中华文明史上开天辟地的大事，是中华文明以德治国、以人为本的开始。人人生在天地社会中，各有各自的位，处何种位尽何种责，这就是礼。礼主序，礼主位，不安其位、不尽其责就是非礼。如一国之君自然有一国之君的位，尽一国之君的责，享一国之君的待遇；一家之长在其位，尽其责，享其尊；一校之长在其位，尽其责，享其薪；学生在学生的位，尽学生的责，享学生的权……各安其位，各尽所能，就是社会的相对和谐，就是社会的动态平等。如音符各尽其调、各发其音、各按其序，才会有美妙的音乐、动人的旋律。若人人不安其位、不守其责，就如同不按音律、不发其调，则乐章难成。

礼是内心的表达，季氏不安其大夫之位、行天子之礼，可以想象出季氏心安何处。孔子维护礼，不但是为了鲁君，更是为了维护人道的正义、人道的道统。

5. 三家者以《雍》彻。子曰："'相维辟公，天子穆穆'，奚取于三家之堂？"

【注释】

三家：指鲁国当时的三卿，孟孙、叔孙、季孙。

彻：同"撤"。

《雍》：天子祭祀时乐工演唱的曲子。

相：助祭者。

穆穆：庄敬华美的样子。

堂：庙堂。

【译文】

孟孙氏、叔孙氏、季孙氏三家在祭祖完毕撤去祭品时，也命乐工唱《雍》这首诗。孔子说："《雍》诗上这两句'助祭的是各地王公诸侯整齐排列，天子严肃静穆地在那里主祭'这样的场景，怎么会出现在三家的庙堂里呢？"

【感悟做人】

一个人的爱好体现一个人的修养。

乐舞是礼，上章八佾舞于庭，本章三家者以《雍》撤，无论迎接宾客还是祭祀祖先，都在大庭广众、众目睽睽之下公然越礼，说明三家大夫不但不把鲁君放在眼里，也没有把周天子放在眼里，其小人傲慢之心、跋扈之行跃然纸上。面对如此严重的礼崩乐坏，作为一个有担当的君子，怎会不发出自己的声音？夫子的担当和大义也通过这两章表现了出来。

一个国家、一个社会的繁荣和富强，不单单是通过经济、财富、军事的多寡强弱来衡量，这只是物质文明，更为重要的是人人亲其亲、老其老、出入相亲、守望相助、各安其位、各尽其责、忠信仁义、默守其道，人民有坚定的文化信仰、高尚的道德情操，这才是精神文明，才是真正的繁荣富强。

6. 季氏旅于泰山。子谓冉有曰："女弗能救与？"对曰："不能。"子曰："呜呼！曾谓泰山不如林放乎？"

【注释】

旅：祭名。祭祀山川为旅。天子祭天下名山大川，诸侯祭境内山川。

冉有：姓冉名求，字子有，孔子的弟子，小孔子29岁。任季氏宰，孔子责备其失职。

女：同"汝"，你。

救：止。此处指劝谏其不往。

林放：鲁人。

【译文】

季氏去祭祀泰山。孔子对冉有说："你难道不能阻止他吗？"冉有说："不能。"孔子说："唉！难道说泰山之神还不如林放吗？"

【感悟做人】

自己做了违礼之事，求神拜佛又有何用？

本章是说不安其位，即为非礼。季氏不安其大夫之位，要祭祀泰山，是非礼；冉有不尽其家宰之职，也是非礼。若泰山之神享用了季氏的祭礼，则泰山之神也是非礼。礼主序，主位，无论君王、臣子，无论人或神，不安其位都是非礼。

孔子听到季氏要祭泰山，作为老师有责任告诉自己的学生应该如何去做。这是圣人之智。告诉冉有后，冉有"不能"的态度让孔子无言以对，孔子知道不是"不能"而是"不愿"。这在《论语·季氏第十六》中有明确的表达："'陈力就列，不能者止。'危而不持，颠而不扶，则将焉用彼相矣？"孔子发出感慨说："难道泰山之神还不如林放吗？"既点明了季氏祭泰山也是白祭，也委婉地批评了冉有，"获罪于天无所祷也"。

7．祭如在，祭神如神在。子曰："吾不与祭，如不祭。"

【注释】

祭如在：指祭祀祖先如祖先就在眼前（祭祖如祖在）。

神：天地山川之灵为神。

与：参与，亲身参加，或与者赞许，心中情愿。不信神在，祭就是装样。

【译文】

祭祀祖先就像祖先真在面前，祭神就像神真在面前。孔子说："我不亲自参加（不信不愿）祭祀，便如不祭。"

【感悟做人】

求神祭祖贵在信，信则诚，诚则表里如一。祭礼实为教育。

本章言祭祀，祭祀重在心诚，如《中庸》言"事死如事生，事亡如事存"，"至诚如神"。祭礼，心诚是本、如在是本，是否真有鬼神是末。若各类祭品瓜果、舞乐礼器一应俱全，却全然没有真诚心，又如何能体悟鬼神是否真存在呢？或许孔子在此也说明一点：若要知晓鬼神是否存在，别人均无法证明给你看，只有自己诚心体悟才能知晓，其方法只有一个，就是"心诚则灵"，"祭如在"。

孔子并不过多提及鬼神之事，如他说："敬鬼神而远之。"这一章他说祭祖先、祭鬼神，就好像祖先、鬼神真在面前一样。没有告诉鬼神

是否真的存在，而是强调参加祭祀的人应当有虔诚的心。首先要自己信才能诚，只有诚才能感知"在"，才会更信更诚。这样看来，孔子主张进行的祭祀活动主要是道德的行为而不是单纯的形式。

8．王孙贾问曰："与其媚于奥，宁媚于灶，何谓也？"子曰："不然；获罪于天，无所祷也。"

【注释】

奥：屋子的西南角，是家之尊位。

灶：是灶神，主管一家的饮食。当时的俗语说：奥神虽然尊贵，但是高高在上；灶神虽然不如奥神地位高，但是主管饮食事务。所以，从实用主义的角度讲，献媚于奥神还不如献媚于灶神来得实惠些。

【译文】

王孙贾问道："俗话说'与其求媚于奥神，不如求媚于灶神'，这是什么意思啊？"孔子说："不对；若得罪了上天，无论求谁都没有用。"

【感悟做人】

求人求神不如求己。

王孙贾用俗语巧妙地提醒孔子，想要在卫国取得仕位，一定要与卫国实权者南子搞好关系。这里，"奥"比喻卫灵公，"灶"比喻南子。意思是告诉孔子，你求卫灵公，还不如求南子。孔子回答说：我不这样认为。做事不按正规的途径和道义去做，一定会得罪上天（违背正道正途就是得罪上天），这样求谁都没有用。自私自利，悖逆天理，天降灾祸，求谁又有什么用，谁又能躲得过呢？夫子告诉世人，行事要居仁由义，不贪利悖理。

9.　子曰："事君尽礼，人以为谄也。"

【译文】

　　孔子说："完完全全按照礼的要求去侍奉君主，别人却说这是谄媚。"

【感悟做人】

依礼而行，不畏谗言碎语。

　　孔子做人行事因位而异、依礼而行。身处臣的位，就行臣的礼，心中没有谄不谄媚的想法，更没有对君越礼的行为，而是按自己所处的"位"，尽自己的"分"。此章可以看出，当时的君臣之礼已经破坏得很严重了，没有多少臣子按照君臣之礼去做，反而认为孔子是为了谄媚君主而故意这般。

10.　定公问："君使臣，臣事君，如之何？"孔子对曰："君使臣以礼，臣事君以忠。"

【注释】

　　定公：鲁国国君，姓姬名宋，"定"是谥号。公元前509—前495年在位。

【译文】

　　鲁定公问孔子："君主怎样使用臣下，臣子怎样侍奉君主呢？"孔子回答说："君主应该按照礼的要求去使唤臣子，臣子应该以忠的态度侍奉君主。"

【感悟做人】

人必自爱而后人爱之，人必自尊而后人尊之。

　　"君使臣以礼，臣事君以忠"，这是人心之两端，本为一体，都是内心"敬"的显相，是君臣二位上的别相，是君臣之礼的两端。君守礼

之敬，臣尽礼之忠，只要做到这一点，君臣之间就会和谐相处。儒家对待任何事情都要反求诸己。国君定公来问，孔子也依礼（理）而言，言语中透露出君主应该从自己身上先着手，先尽己之礼以使臣，臣自然就会以臣之礼"忠"来事君，这是上与下、本与末、远与近、前与后的关系，是絜矩之道。《孟子》中对君臣的相互关系说明得更为彻底："君之视臣如手足，则臣视君如腹心；君之视臣如犬马，则臣视君如国人；君之视臣如土芥，则臣视君如寇仇。"而从本章的语言环境来看，孔子还是侧重于对君的要求，强调君应依礼待臣，则臣事君自然而忠。若君不守礼，只要求臣尽忠，就会发展成为不辨是非的昏君和不问对错的愚忠。这是孔子和孟子都反对的。

11. 子曰："觚不觚，觚哉？觚哉？"

【注释】

觚：古代盛酒的器具，上圆下方，有棱，容量约为二升。后来觚的形状变了，所以孔子认为觚不像觚。

【译文】

孔子说："觚不像觚了，这是觚吗？这是觚吗？"

【感悟做人】

做人要像人样。

春秋时代，诸侯俱起，公室衰微，人不各安其位，不各尽其责，礼崩乐坏，世道衰微。父没有父的样子、子没有子的样子、君没有君的样子、臣没有臣的样子，孔子以觚为喻，启示世人：在什么位就要有这个位的德、这个位的相、这个位的言行。我们来简单套用一下句型就明白孔子说的意思了："父不父，父哉？父哉？""君不君，君哉？君哉？""子不子，子哉？子哉？""师不师，师哉？师哉？""妻不妻，妻哉？妻哉？"

无论社会如何变化，在其位，配其德，和其相，尽其分，本为一体，相互匹配，改变了其中一项则名不副实、体相不一。

12. 子曰："泰伯，其可谓至德也已矣。三以天下让，民无得而称焉。"

【注释】

泰伯：周代始祖古公亶父之长子，次子仲雍，三子季历。季历生姬昌，古公亶父见姬昌天禀圣德、资质过人，欲传位于姬昌。古公亶父生病后，泰伯以寻医找药的名义去了吴地，次子仲雍也随避之。季历继承君位，古公亶父卒，泰伯、仲雍回家奔丧，季历再让位于兄长，未果。后传位于姬昌，是谓文王。泰伯先至黄河中游之吴地，后举家迁至江南江浙等地，现有出土文物征之。

至德：德到了极致。

三：多次的意思。

民无得而称焉："得"同"德"，百姓找不到合适的德（词句）来赞扬他。

【译文】

孔子说："可以说泰伯的德到了极致，多次谦让王位，老百姓都找不到合适的词句来称赞他。"

【感悟做人】

让利者，心怀他人，让位者，心怀天下，德配天地者为之。

此为泰伯篇第一章，讲"让天下"，并以泰伯的事件来佐证，并进行大力赞扬，表达了孔子对于天下王位要"让"而不要"争"的政治哲理。换言之，天下传承要符合"礼"的精神，天下的传承要以谦让为主，在礼让中教化百姓、选贤举能。很多人对于"让天下"的理论嗤之以鼻，不以为然。翻开史书，无论是中国历史还是外国历史，对于王位

权力的传承都是"争"而非"让",尔虞我诈、你死我活,是不是我们就可以说儒家的政治观点是幼稚的、不切实际的呢?是不是儒家应该明白地告诉大众,王位的传承就是要"争"而不要假仁假义地去"让"呢?假如儒家那样做了,那就不是儒家了,儒家也就不可能成为中国文化的主流,儒家也就失去了其最宝贵的道统精神。站在文明的制高点上、站在政治应为教化人服务的观点上、站在人类政治应向文明和高尚前进的角度上,儒家"让天下"的政治智慧绝对是极高明的,而且是有可能实现的。实现"让天下"的前提就是"大道之行也",通过礼乐的教化之道使人人敦厚仁慈、谦让有礼,则让天下就可能会实现,人类文明的圣境"大同世界"就一定会到来。

13. 曾子说:"可以托六尺之孤,可以寄百里之命,临大节而不可夺也——君子人与?君子人也。"

【注释】

托六尺之孤:孤,死去父亲的小孩叫孤。六尺指十五岁以下,古人以七尺指成年,七尺男儿。托孤,父临终前将年幼的孩子托付他人照顾。

寄百里之命:寄,寄托、委托。百里之命,国家生死存亡之权力。

夺:强行使之放弃。

【译文】

曾子说:"可以把年幼的孩子托付给他,可以把国家的政权托付给他,面临生死存亡的紧急关头而不动摇屈服——这样的人是君子吗?是君子啊!"

【感悟做人】

财色权力前,生死患难时,方显君子本色。

每读此章，诸葛孔明的形象就会浮现在眼前，可以说《三国演义》中的诸葛亮形象全面地诠释了此章。

一个能托付生命、寄托国命的士人，其所守的是他自己心中的"仁"，可托六尺之孤、可寄百里之命，临大节不夺，只是"仁"的自然表露，"仁以为己任，不亦重乎？死而后已，不亦远乎"才是其使命和担当。中国历史上无数的读书人，手无缚鸡之力却承担起国家、天下及道统的命运，靠的就是心中对道的追求、对"仁"的坚守。

把孤托给了人，还是仁吗？把命寄给了人，还是仁吗？临大节而不夺其志，还是仁吗？托孤容易，但选择真仁者难。寄命容易，但辨别真君子难。临大节容易，但能坚守仁道者难。只有从小受到圣贤教化、时时习礼、处处依仁、择仁而处的人才能担此重任，才能成为君子。故孔子才说"富之、教之"，只有教育才能让人成为仁者。真正的"人"就是心中时刻装着"仁"、依"仁"行事的人。无"仁"之人非君子，行"仁"之人真君子。

14. 曾子曰："士不可以不弘毅，任重而道远。仁以为己任，不亦重乎？死而后已，不亦远乎？"

【注释】

弘毅：弘，广大。毅，强毅。

已：继续。

【译文】

曾子说："士不能不具有广大而坚毅的品质，因为他责任重大，道路遥远。把'仁'作为责任，难道还不重吗？直到生命终结才能结束，难道还不远吗？"

【感悟做人】

孔曰成仁，孟曰取义；惟其义尽，所以仁至。

翻开中国历史，在圣贤思想的教化下，"仁以为己任"者比比皆是。文天祥，宋末文人，一代圣贤，抗元被捕，从容就义，其《正气歌》名垂青史，昭昭后人。在国家生死存亡之际，一介书生率兵抗元，被捕后家人被拘为奴，个人受尽凌辱，元朝统治者使尽各种手段都无法劝降文天祥，遂准备斩首。元廷召见文天祥告谕说："你有什么愿望？"文天祥回答说："天祥深受宋朝的恩德，身为宰相，哪能侍奉二姓，愿赐我一死就满足了。"临上刑场，文天祥从容不迫，对狱中吏卒说："我的事完了。"向南跪拜后从容就义。几天后，他的家人收拾他的尸体，在他的衣服中发现赞文："孔曰成仁，孟曰取义；惟其义尽，所以仁至。读圣贤书，所学何事！而今而后，庶几无愧！"在文天祥的心里，有比生命更可贵的东西——"仁义"。只有为了仁义的生命才是真生命；苟且残喘的生命，不如不要。这是士人的气节。同样，在革命战争年代，无数仁人志士抛头颅、洒热血，将正义、信仰看得比生命更重要，正是因为他们"仁以为己任"才有了国家的独立、民族的兴旺。

15. 子曰："不在其位，不谋其政。"

【译文】

孔子说："不在那个职位上，就不考虑那个职位上的事。"

【感悟做人】

素位而行，深造以道。

"不在其位，不谋其政"和"在其位，谋其政"所要表达的是一个意思。很多人拿这句话来为自己少干活、少负责开脱，却不知这是一个误解。我们每个人自生下来那一刻起，就已经有自己的"位"了，就应该为位而谋，就应该尽所处"位"的政。生下后的第一位是"为人子女"，这个位的"政"就是吃好睡好长好。等到三岁以后，为人子女者，就要学习生活礼仪，学习立德树人之道。再等到成人后成家，此时不但要为人子、为人夫，还要为人臣等等。位在一个一个增加，你所要谋的政也越来越多，责任也越来越大，想逃都逃不了。直到走到人生的最后，完成最后的使命，则位已消、谋已尽，一生完备，这就是"礼"。各安其位、各尽其责、各谋其政、素位而行，就是依礼而行。不安自己的位，不尽自己的责，就是无礼缺德。

16. 子曰："禹，吾无间然矣。菲饮食而致孝乎鬼神，恶衣服而致美乎黻冕，卑宫室而尽力乎沟洫。禹，吾无间然矣。"

【注释】

间：空隙的意思。无间，即找不出一点点禹的不是。德行完备，无隙可寻。

菲：菲薄，不丰厚。

致：竭也，尽也。

孝：享也，献也。

黻冕：祭祀时穿的礼服叫黻，祭祀时戴的帽子叫冕。

卑：低矮。

沟洫：田间水道。

【译文】

孔子说："对于禹，我没有什么可以挑剔的了。他自己的饮食很简单，却将丰盛的美食敬献给鬼神；他自己穿着简朴的衣服，却在祭祀时穿着华美的礼服；自己所居住的宫室简陋低矮，却致力于为百姓兴修水利。对于禹，我确实没有什么挑剔的了。"

【感悟做人】

无论简朴或华美，因事而变，不变的是高尚的品德。

孔子以大禹为榜样，告诉执政者：重视教化（祭祀之礼实为教化百姓）是为政第一要务，要不惜重金和精力；二要重视民生，做好百姓基础生活。对禹王而言，其仁德已经修养到至德境界，无论其穿着朴素也好、华美也罢，都是其德行的自然显现。严于律己、宽于待人是中华民族的优秀品质。在中国历史上，凡是德高者，无论他处于尊位还是卑位，都对自己的物质生活要求不高，反而将百姓生活、百姓困难牢记在心，悉心照料，这是德高者"格物"的具体生动体现。

17. 子欲居九夷。或曰："陋，如之何？"子曰："君子居之，何陋之有？"

【注释】

九夷：中国古代对于东方少数民族的通称。

陋：鄙野，文化闭塞，不开化。

【译文】

孔子想到九夷去居住。有人说："那里非常落后，生活条件艰苦，怎么能生活呢？"孔子说："有君子去居住生活，何来鄙陋？"

【感悟做人】

德薄者计较物质多寡，德厚者在乎过失日少。

我们先来欣赏刘禹锡的《陋室铭》："山不在高，有仙则名。水不在深，有龙则灵。斯是陋室，惟吾德馨。苔痕上阶绿，草色入帘青。谈笑有鸿儒，往来无白丁。可以调素琴，阅金经。无丝竹之乱耳，无案牍之劳形。南阳诸葛庐，西蜀子云亭。孔子云：何陋之有？"

是啊，君子居之，何陋之有？如颜子箪食瓢饮，住陋巷，不改其乐，孔子疏食饮水，曲肱枕之，乐在其中。君子担心的是精神世界的陋，小人忧虑的是物质世界的陋。物质世界的陋是做给别人看的，精神世界的陋是留给自己享的。一个人，一个家，一心逐物，志在富贵，若无精神的富有则贫不安、富仍不安，斤斤于计较，碌碌于名利，无可安息。一个人，一个家，心居仁里，志在圣贤，虽贫若颜子、困若阳明，但安贫乐道、心静如水，贫也安、富也安。德为本，财为末。有德，方有财；无德，财不守。仁乃真富，君子居之，何陋之有？

18. 子曰："出则事公卿，入则事父兄，丧事不敢不勉，不为酒困，何有于我哉？"

【译文】

孔子说："在外侍奉公卿，在家孝敬父兄，有丧事不敢不尽力去办，不被酒所困，这些事我做到了哪些？"

【感悟做人】

人一生尽好自己本位上的分就够了，还需要做什么呢？

在外，依礼事公卿；在内，依礼事父兄。丧事，依礼而行，尽力而为，不为奢侈只为哀戚。不为酒困就是不为外物所困，不为财、色、名、食、利所困所牵绊。内不为情绪所迁，背离中道，合乎中庸；外不为物质习气牵绊，则依礼而动。做到这些已经很自然、很习惯，这些对夫子有什么困难呢？人最关键的是知其位、行其责，在什么位上就依礼行位上的责，要竭尽全力、自然而行。除了这些，人还有什么需要做的吗？

第五篇

做人与言行

【前言】

什么是言行？

什么是言行？有人说，这个还有疑问吗？言行就是说的话，采取的行动呗，难道这个也需要说明或定义？是的，今天我们就对言行下一个定义。

言行：从儒家角度而言，就是一个人的仁德通过他自己的语言、动作及容貌等自然显露。

该定义说明了言行与仁德的本末关系，即仁德是本、言行是末。同时，阐明了言行与仁德的辩证关系，即"有德者必有言，有言者不必有德"。有德之人，每一句话都是德言，每一个行都是德行；无德之人，言中无德，行中无仁。有德之人将厚德外化为敏行，周行不辍；无德之人将薄德外化为巧言，色令足恭。

人之所以为人是因人性中有"仁"的特性，进而显现出"孝、悌、忠、信、礼、义、廉、耻"等德目，并通过言行表露出来。言行是能看得见、听得到的德行。若将"言"理解为说话，那么想说什么就说什么、想怎么说就怎么说，嘴在自己身上，别人管不着，这叫胡言乱语，不叫言论自由。这种言论不是内心仁德在说话，仅仅是一种情绪的发泄、偏见的表达，不顾他人感受，随意发挥，是缺少德行的表现。若将"行"理解为动作，想做什么做什么，想怎么做就怎么做，不管别人的看法，不顾及别人的感受，在公交车上大声喧哗，在公园椅子上坦然睡觉，着装发型肆意夸张，身体秽物随意排泄，这些行为就不是内心仁德的表现，而是一种随意的，没素质、缺教养的表达。

言行是内心仁德的一种表现形式，说到底，言行即仁德，是仁德的外相。

【知识点】

1. 言行就是一个人内在仁德用语言、动作及容貌等符号的自然显露。

2. 有德者必有言。

【思考】

1. 你所理解的言论自由是什么？

2. 请你思考不以仁德为基础的言论自由的利与弊。

【论语经典章句赏析】

1. 子曰："巧言令色，鲜矣仁。"

【注释】

令色：令，好、善；色，脸色。

【译文】

孔子说："花言巧语，一副讨好人的脸色，这样的人是很少有仁德的。"

【感悟做人】

修养内在德行比提升外在才能更为重要。

巧言令色，这是一幅伪君子的画像。如果再加上孟子借用曾子的补充，那可真称得上是绝妙了。曾子说："胁肩谄笑，病于夏畦。"耸起两个肩头，做出一副讨好人的笑脸，这真比顶着夏天的毒日头在菜地里干活还要令人难受（《孟子·滕文公下》），儒者对伪君子的鄙弃之情溢于言表。仅孔子对"巧言令色"的斥责，在《论语》中就有三次记述（其他两次见于《阳货》《公冶长》）。然而，在历史上，在现实中，这种巧言令色、胁肩谄笑的人却并不因为圣人的鄙弃而减少。他们虽无仁德，难成正果，却被社会接受，其交往广泛、财源滚滚，大有"巧言令色者，鲜无财"的味道。然而大家不曾思虑，巧言令色者之所以能大行其道的真正原因是普通民众的善良、质朴，为其提供了信任的基础、行销的保障，若人人巧言令色、花言巧语，见人说人话、见鬼说鬼话，则巧言令色者难有结果。所以，直到今天，我们仍然要牢记圣人提醒我们的话，时时警惕那些花言巧语、胁肩谄笑的伪君子。

2. 有子曰："信近于义，言可复也。恭近于礼，远耻辱也。因不失其亲，亦可宗也。"

【注释】

义：宜也。符合"道"的正确的方式方法，是正确的、善良的、公正的、内心良知觉得应该如此行事的。

复：实现、践行。朱熹《集注》云："复，践言也。"

远：远离。

因：依。

亲：仁心、本心，心中的"仁"。

宗：主、可靠。

【译文】

有子说："讲信用要符合于义，（符合于义的）话才能付诸实行。恭敬要符合于礼，这样才能远离耻辱。因为人人都不失自己的良心（本心），所以可依此（良知）作为判断事情的主（标准）。"

【感悟做人】

信以义为本，恭以礼为本。

有子在本章中说，任何一个事情、任何一个言行都要有一个判断的标准或主要的依据，信以义为主，恭以礼为主，无从凭借时以内心的良知为主。义也好，礼也罢，包括内在的良知都是对"道"的表现，一切都要以合乎"道"为评判依据，但绝不能以情绪为裁决事情的标准，否则容易陷于个人主观主义状态。

义是本，信是末。若只知守信，"言必信，行必果，硁硁然小人哉"。恭是末，礼是本。恭敬而不合礼，则恭而无礼则劳。亲是本，因是末。当对义、礼都无法依凭时，以内心的良知为凭据，这就是标准，这就是本末，这就是人本性之道。

3. 子贡问君子，子曰："先行，其言而后从之。"

【译文】

子贡问如何才是一个君子？孔子说："先付诸行动，之后再说。"

【感悟做人】

行是更实际的言。

行在言前，言随行后，即敏行慎言。

人之病在敏于言而慎于行。人人都爱夸其口，上下嘴唇一动就可以答应事情，简单而轻松，若真要付诸行动则需要智慧和恒心。圣人看到世人的这个毛病深重，特意告诉世人要行在言前。如答应爱人去看电影，不要天天说而天天实现不了，之后还要找很多的借口去解释，久而久之，无人信其言。若先筹划好看电影的时间和一切安排，后说出自己的心思，则感动之余还有诚信，自己、他人都受益。当下一部分人把敏言、巧言、诡辩认为是一种才能，认为是一种本事，孰不知"舍德之本，求言之巧"，是一种错误的思想。行为本，言为末。行是更实际的言，言是行的说明。本为一体，表现为二。

4. 子张学干禄。子曰："多闻阙疑，慎言其余，则寡尤；多见阙殆，慎行其余，则寡悔。言寡尤，行寡悔，禄在其中矣。"

【注释】

干：求取。

禄：福也。这在《诗经》中有很多证明，福禄合用代表福上加福。

学干禄：学自求多福。

疑：是不能肯定而有所怀疑的意思。

尤：是怪罪或怨恨的意思。

阙：是放置一边或避开的意思。

殆：是导致不良后果，甚或招致危险的意思。

悔：是懊悔或悔恨的意思。

【译文】

子张想学自求多福的方法。孔子说："多听，有疑惑的地方先有所保留，谨慎地说出肯定的部分，这样就很少犯错误；多看，把没有把握的先放一放，谨慎地去做有把握的，就能减少后悔。言语少过失，行为少后悔，福禄就在其中了。"

【感悟做人】

多听少说，多看慎做，幸福就在这里。

在马一浮先生看来，所谓干禄其实也就是自求多福，就是《诗经·大雅·文王》中所谓的"无念尔祖，聿修厥德。永言配命，自求多福"。中华文化所说的五福临门，就是"五福，一曰寿，二曰富，三曰康宁，四曰攸好德，五曰考终命"（《尚书·洪范篇》）。

任何一种福，都不是由他人送上门来，必须自己求之，方能得之，都从自己的道德中来。所以，自求之道即在修好德。因此，孔子之回答"多闻见、慎言行、寡有悔"都与修"德"相关，即为"自求多福"之答。由此看来，子张学干禄，学的就是自求多福之法。

孔子教学，主张多听多看，听与看乃知识的重要来源，由于每个人接受程度不同，听来的资料，总有部分有所怀疑。孔子告诉子张，与人谈话时，要把自己觉得怀疑的部分收起来，只谈自己肯定的部分，如此一来被别人怪罪或怨恨的机会就不大了，这就是"多闻，阙疑，慎言其余，则寡尤"。同理，要多看，看到某种行为而导致不良的后果，自己做事时就应引以为戒，以免重蹈覆辙。这就是"多见，阙殆，慎行其余，则寡悔"。

闻即听、言即言、见即视、行即动。多闻阙疑，慎言其余，多见阙殆，慎行其余，就会非礼勿视、非礼勿听、非礼勿言、非礼勿动。视听言动都要合乎礼，合礼的结果言寡尤、行寡悔，如此就是克己复礼，克己复礼归于仁，心安仁宅。视听言动合于礼，自然就幸福了。此幸福是人性的幸福，是人心安仁的幸福，是大幸福、真幸福！

5. 哀公问社于宰我，宰我对曰："夏后氏以松，殷人以柏，周人以栗，曰：使民战栗。"子闻之，曰："成事不说，遂事不谏，既往不咎。"

【注释】

社：土地神，祭祀土地神的地方也称社。

宰我：名予，字子我，孔子的学生。

战栗："栗"同"慄"。恐惧，发抖。

遂：行。

【译文】

鲁哀公问宰我，土地神的神主应该用什么树木。宰我回答："夏朝用松树，商朝用柏树，周朝用栗树。用栗树的意思是：'使老百姓恐惧害怕。'"孔子听到后说："已经完成的事就不要再说了，已经过去的事不要再去劝谏了，已经远去的事也就不必再追究了。"

【感悟做人】

不抱怨过往，做好当下最重要。

古人认为，在祭祀时，神灵都需要一个可以依附的载体，这个载体相当于一个中介。世间凡人可以看到这个神灵所依附的载体，神灵也可以看到这个载体而依附其上。对于土地神社神，夏朝用松木做神灵依附的载体，商朝用柏木，周朝用栗树。宰我回答鲁哀公说，周朝用栗木做社主是为了"使民战栗"。孔子听闻到宰我的回答后，说了自己的看法："已经过去的就不要再说了，已成的事情就不要再进谏了。"做好当下的事情，少去指责古人。

本章的重点在于孔子的回答。成事不说、遂事不谏、既往不咎三者意思基本相近，都是告诉我们不要说没有意义的话。事情都已经完成了，多说只会增加怨恨；事情都已经开始实施了，再去劝谏，是对现行事情的干扰，是对当时决策的不满。一个睿智的人要做好当下的工作，能弥补的弥补、能改变的改变，不要总是把精力放在抱怨和后悔以前的事情上。

6. 子曰："古者言之不出，耻躬之不逮也。"

【译文】

孔子说："古人不轻易把话说出口，以说出了话而没有做到感到羞耻。"

【感悟做人】

少说多做是君子。

孔子一贯主张谨言慎行，不轻易允诺，不轻易表态。如果做不到，就会失信于人，不但是自己修德不够，还会耽搁别人事情的完成。人之弊病在于口快而行慢，孔子教人改过要慎言敏行，修身不要停留在逞口舌之快上。

《论语》中对言行的表述很多，集中起来主要有两方面。其一，言行是一个人内在德行的表现；其二是要少说多做，未说先做，肯定再做。

7．子曰："以约失之者鲜矣。"

【注释】

约：约束。这里指"约之以礼"。

鲜：少的意思。

【译文】

孔子说："能用礼来约束自己，言行有过失的就很少了。"

【感悟做人】

严于律己者以德为本，放纵自我者以欲为本。

放纵是本能，自律才是修养。能以礼约束自己，就是克己复礼，就是归仁。礼本就是仁的外显，礼就是约束人的视听言动，使其符合仁的具体行为规范，能约之以礼的人自然就很少有过失。古圣贤王用礼教和理教分别教化不同的人群，礼教对庶民百姓——"民可使由之，不可使知之"，而对士大夫阶层用理教——"民可使由之，也要使知之"，既要使其知道其然，也要使其知道所以然。礼与理本为一体，理是道的细化，依礼来规范自我言行就是符合理的，自然就少失误。换言之，一个人若约于礼，则其自律性很强，自我要求也很高，自然就不会疑而言、殆而行，失误自然就少。

8．子曰："君子欲讷于言而敏于行。"

【注释】

讷：迟钝。这里指说话慢，说话谨慎。

敏：敏捷、快速的意思。

【译文】

孔子说："君子说话要谨慎，做事要敏捷。"

【感悟做人】

不要做语言的巨人、行动的矮子。

　　以上三章都以言行为表述点，主要说明仁德的修养最容易出问题的在言，最难实现的是行。孔子告诉我们，修德依仁，言要慎、要讷，行要敏、要约，但都要符合礼（"以约失之者"，指言行都要约于礼）。能管好自己的嘴巴和行为的人，则已经向仁者靠近了。可见，言行在修德进业中是多么的重要，这也是世人最容易犯的错误。

　　需要注意的一点，讷于言不是不说话，也不是任何环境下都少说话。讷是木讷、迟缓的意思，就是不假思索、没有确定就乱说胡说妄说。讷言想要表述的是确定的话，说管用的话，说有意义的话。比如教师行业，身教重要，但善言、善喻，能生动通俗地将一个概念、一个问题讲清楚，也是其本职工作所必需的能力，不能用"讷言"当挡箭牌而不说话。

9. 子曰："德不孤，必有邻。"

【注释】

邻：亲近。

【译文】

　　孔子说："有德之人不孤独，一定有人来亲近。"

　　仁是德，德是仁。仁德与生俱来。人人身上有德，有人就有德，何来孤独？人与人在德上的区别在于先觉先明和后觉后明，但人性相同，心心相应，互感互通，自然不会孤独。只是世人被物欲所蒙蔽，被习气所熏染，不易觉察，并不是说他们反对德、不认识德，只是疏远蒙蔽罢了。

　　对真善美的追求是人人心中所愿，没有人不喜欢"真善美"，每个人希望听到的看到的都是真话、真相，别人对自己都是善心善行。违背常理就是悖德，就是不通人性。所以，人性一体，心心相通，何来孤独。

10. 或曰："雍也仁而不佞。"子曰："焉用佞？御人以口给，屡憎于人，不知其仁，焉用佞？"

【注释】

雍：姓冉名雍，字仲弓，生于公元前522年，孔子的学生。

佞：能言善辩，有口才。

口给：言语便捷、嘴快话多，用嘴巴对付嘴巴。

不知其仁：指有口才者有仁与否不可知。

【译文】

有人说："冉雍这个人有仁德但口才不好。"孔子说："何必要能言善辩呢？靠伶牙俐齿来应付人，常常招致别人的憎恶，连'仁'都不知道，又何必非要能言善辩呢？"

【感悟做人】

光有口才而无仁德者是佞才。

《论语·宪问》篇有"有德者必有言，有言者不必有德"，可以推测出孔子不是反对口才好而只赞成讷于言者，只是认为口才是德行的自然外显。有高尚的品德，再加上机智的口才，这才是完美的。不能只有善辩之才而无仁德之心，这样口才越好则越能招来灾祸。也就是说，当一个人的品德很浅薄，不足以承载起善巧的口才时，善巧机变的口才会为其招来祸端。反之，一个人先修仁心仁德，再修口才美言，他的每一句话、每个观点才是仁德的表达，才是仁心的显现，才是引人向善，才是"和顺积中而英华发外"。孔子赞同这样的口才。

11. 宰予昼寝，子曰："朽木不可雕也，粪土之墙不可

杇也，于予与何诛！"子曰："始吾于人也，听其言而信其行；今吾于人也，听其言而观其行。于予与改是。"

【注释】

昼寝：白天睡觉。

粪土：腐土、脏土。

杇：抹墙用的泥抹子。这里指用抹子粉刷墙壁。

诛：意为责备、批评。

与：语气词。

【译文】

宰予白天睡觉。孔子说："腐朽的木头无法雕刻，脏朽的粪墙也无法粉刷。对于宰予我还能责备什么呢？"孔子说："起初我对于人，听他说的话便相信他能做到；现在除了听他讲话还要观察他的行为。在宰予这里我改变了观察人的方法。"

【感悟做人】

不光听他怎么说，还要看他怎么做。

"朽木不可雕也"已经成为日常用语，表达无药可救、自甘堕落、不可理喻的意思。孔子为什么要骂宰予呢？这是因为在孔子看来，宰予在白天睡觉，浪费大好时光，是不上进的表现。作为读书人，作为士人，说到了就要做到。宰予之前答应老师自己一定会好好学习，不会浪费时光，可是孔子却多次发现宰予常常白天睡觉，于是才有了孔子的严厉批评。

古时，人们都是日出而做、日落而息，没有夜生活，不用熬夜加班。把大好的白天时光用于睡觉，是一种不求上进、自甘堕落的表现，这是孔子所不允许的。宰予是孔门十哲，属于智商高、口才好却比较懒散的人。按因材施教的原则，他需要改掉这个毛病。孔子如此严厉地批评，是希望他积极上进、不负青春。

12. 子贡曰："我不欲人之加诸我也，吾亦欲无加诸人。"子曰："赐也，非尔所及也。"

【注释】

加诸我：加，强加。把别人的想法、观念强加给我。

非尔所及：及，能。

【译文】

子贡说："我不想别人把他的（观点言行）强加于我，我也不愿（把自己的观点言行）强加于人。"孔子说："赐呀，这不是你所能做到的了。"

【感悟做人】

人无伦外之人，学无伦外之学。

"我不欲人之加诸我也"，即我不愿意别人把他的思想观念强加于我，是自我的独立；"吾亦欲无加诸人"，即我也不愿意把自己的思想观念强加给别人，是民主。子贡说不管东西好不好，都不能硬塞给别人，强调的是个体之间相对独立。但孔子认为这办不到，原因是每个人都处在自己的"位"上，有高低贵贱之分，在下位者必须服从上位的命令，人无伦外之人。

本章的关键是"加"，"加"有强制、强行的意思。子贡说："我不想别人把他的想法强加给我，我也不会勉强别人按我的想法进行。"孔子说"这个你办不到"。把自己的想法强"加"给别人只有一种情况，即"势"。位高权大则势大，位卑者从之，这是位或势的大小决定的，非愿与不愿，除非自己不在这个位上。自己不想把自己的想法、观点强加给他人，则需要自己的人格修养逐渐高尚，并主动形成感化他人的影响。如此则不用"加"，自会"化"，但子贡的修养显然还没有到这个程度。

13. 子贡曰："夫子之文章，可得而闻也；夫子之言性

与天道，不可得而闻也。"

【注释】

文章：道之显者谓之文，华丽光彩谓之章。此处指德之显著于外者谓之文章。

性：人性。《论语》中有"性相近也，习相远矣"，性是人之本性。

天道：天命。《论语》中孔子多处讲到天和命。

【译文】

子贡说："老师日常的言行，讲授的礼、乐、诗、书的知识，能看到听到并学到；老师讲授的性与天道，从来没有听到过。"

【感悟做人】

学艺一年艺在手上，学艺三年艺在心上。

此处，"闻"代表了六根，以一概全，不要局限于"闻"。在子贡看来，孔子所讲的礼乐诗书等具体知识是有形的，只靠眼观耳闻就可以学到了；但关于人性与天道的理论，深奥神秘，不是通过眼观耳闻就可以学到的，必须通过内心的体验，才有可能把握。性与天道是儒家思想中更深层次的内容，是言行的内在根本，是人性的原始起点，不是靠六根（眼耳舌鼻身意）就能感知到的，是需要自验自证的。性与天道无法言说，也不便传授。孔子不是不教给学生，而是无法用言行文章来教授。孔子曾说"吾无隐乎耳，吾无行不与二三子者"，说明孔子已经用全部的生活给学生演绎了"性与天道"所表现出来的文章，其余的需要学生自己体悟。文章和性与天道是一体，只不过一个是看得见、听得到的，一个是看不见、听不到的。正如颜子所说："瞻之在前，忽焉在后。"性与天道是形而上的存在，需要形而下的学习、体悟，逐渐实现"下学而上达"的境界。

14. 子路有闻，未之能行，唯恐有闻。

【译文】

子路听到好的观点，在还没有付诸行动之前，担心又听到新的道理。

【感悟做人】

知道却做不到是假知道，知道并能做到才是真知道。

子路有闻必行，雷厉风行，其优点是快速。孔子教育他，要多听听大家的意见，再付诸实施。"有父兄在，如之何其闻斯行之？"这是子路的优点，同时因为过度，也成为其缺点。世人的问题多出在闻而不行。本章以子路为例，告诉世人应该改其缺点，向子路学习，闻斯行之。子路的缺点是闻斯行之，世人的缺点闻而不行，子路需要稍微慢点落实行动，而世人需要加快步伐落实行动。

15. 子曰："巧言令色足恭，左丘明耻之，丘亦耻之。匿怨而友其人，左丘明耻之，丘亦耻之。"

【注释】

足恭：两足勤快跑来跑去地讨好人。

左丘明：姓左名丘明，鲁国人，相传是《左传》一书的作者。

【译文】

孔子说："言语善巧，容色善变，腿脚勤快讨好别人，左丘明认为可耻，我也认为可耻。把怨恨装在心里，表面上却装出友好的样子，左丘明认为可耻，我也认为可耻。"

【感悟做人】

做人要正直。

"巧言令色足恭"，内心少仁而徒有其表，这些表象只为自私的利来，利散则真相显现，心中没有标准，没有气节，一切依利而行，实乃耻事。故左丘明、孔子耻之。内心藏着怨表面上却友善对方，这是利没有满足的体现；放于利却不能满其需，则怨气膨胀，不敢不愿表现怨气，只是为利。与其说巧言令色足恭是对人，不如说是对利；与其说是为别人，不如说是为他自己。

16. 子游为武城宰。子曰："女得人焉尔乎？"曰："有澹台灭明者，行不由径，非公事，未尝至于偃之室也。"

【注释】

武城：鲁国的小城邑，在今山东费县境内。

焉尔乎：此三个字都是语助词。

澹台灭明：姓澹台名灭明，字子羽，武城人，孔子弟子。

径：小路，引申为捷径。

偃：言偃，即子游，自称其名。

【译文】

子游做了武城的长官。孔子说："你有没有发现人才？"子游说："有一个叫澹台灭明的人，从来不走小路，没有公事从不到我屋子里来。"

【感悟做人】

小事看品德，大事看能力。

弟子在武城为官，孔子询问弟子政事时，首先问："有没有发现人才？"这是千古之问，也是为政以德之首要。只有选贤举能，让优秀人才脱颖而出，才能让百姓都向其学习，是为政的风向标。子游的对话更为精彩，小事看品德，大事看能力。子游说，"我发现一个人走路从不走小路、找捷径，没有公事从不到我家中。"这些细节说明澹台灭明心

胸光明磊落，不投机取巧，不钻营利益，无个人的私利在其中，行为不取巧，品德贤良，言忠信，行笃敬，不做表面文章，是个人才。同时，也说明子游学有所成，知道为政的重点在选拔人才，选拔人才又重在品行。其从生活细节中潜心观察发现了澹台灭明，心胸宽广，推举贤才，从不压制人才，结党营私，积极为国家发现人才。人人都知道人才重要，但如何发现人才、如何辨别人才则不是一件容易的事情。澹台灭明不走小路，不入私宅。不走小路，体现其行大道，不投机取巧，不谋小利；不入私宅，就是不图私利，不贿赂，作风正派正直。

17．子曰："孟之反不伐，奔而殿，将入门，策其马，曰：非敢后也，马不进也。"

【注释】

孟之反：名侧，鲁国大夫。

伐：夸耀。不伐，即不自夸。

奔：败走。

殿：殿后，败军撤退时在全军最后做掩护。

【译文】

孔子说："孟之反不喜欢夸耀自己。败退的时候，他留在最后掩护全军。快进城门的时候，他鞭打着自己的马说，'不是我敢于殿后，是这马跑不动啊。'"

【感悟做人】

功不独居，过不推诿。

人有一个很大的缺点就是喜欢自夸，喜欢标榜自己。经常会听到很多人说"这个事情要不是我在，结果会如何如何""当初要听我的意见就不会如何如何""这些事情我早就想到了，如何如何"……绕了一大圈最后的目的就是证明自己很聪明，很明智，只是没有用武之地，领导、上级都看不到他的智慧。生活中这样的人很多，从国际大事到国家战略，从政府改革到百姓琐事，他都能说得头头是道，目的只是自夸。为此，孔子举出孟之反的例子让我们反省，让我们找出自己的不足。这是"功不独居，过不推诿"美德的真实教学案例。

18. 子曰："人之生也直，罔之生也幸而免。"

【注释】

罔：诬罔不直的人。

幸：幸免。

【译文】

孔子说："一个人的生存是由于正直，而不正直的人也能生存，那是幸运而避免了灾害。"

【感悟做人】

不要因为受骗而否定善良。

"直"，是儒家的道德规范。直，即直心肠，意思是耿直、坦率、正直、正派、善良。直，是仁德之一，同虚伪、奸诈相对立，直人没有那么多坏心眼。与此相对，社会生活中也有一些不正直的人，他们也能生存，甚至活得更好，这只是他们站在大部分人"直"的基础之上，即坏人之所以得逞是建立在绝大多数人善良的基础上，是侥幸地避免了灾祸，并不说明可以效法"不正直"并向坏人学习。

19. 子食于有丧者之侧，未尝饱也。子于是日哭，则不歌。

【译文】

孔子在有丧事的人旁边吃饭，从不会吃饱。（如果）孔子这天吊丧而哭，就不再唱歌。

【感悟做人】

麻木不仁岂为人。

这是人性的真实体现。孔子是至真至情之人，其遇哀则哭，逢喜则歌。在有丧者之侧，恻隐之心油然而生，怎忍心吃饱喝足、泰然自乐。遇到哀戚之事，则余哀不绝、无心可歌。此章正是孔子情绪因情因境而动，人性自然流露，不过也无不及，从容中道的表现。百姓往往哀则伤痛过度，乐则得意忘形，都是过或不及，这真是我们需要好好学习之处。

20. 子不语怪、力、乱、神。

【译文】

孔子不谈论怪异、暴力、变乱、鬼神。

【感悟做人】

关注现实，不要舍本逐末。

为什么孔子不谈怪、力、乱、神，因为这些都是不符合中道的，容易引起人们离开本位而去追求虚无和危险的话题。人似乎有一个癖好，喜欢听一些奇谈怪论，而孔子却说"道听途说，德之弃也""未知生，焉知死""未能事人，焉能事鬼"。可见，孔子希望世人认识自己，尽自己的本分，由近及远，能近取譬，不要好高骛远、舍本逐末。这是儒家的高明之处，从小处着手，从近处开始，下学上达。一个人有自己当下应该做的事情，比如好好学习，比如孝敬父母，比如适当锻炼，比如踏实做事。撇下这些分内之事不做，却琢磨鬼、神、怪、乱等千奇百怪的事情，孔子是反对的，更不会去谈及。孔子认为，人性中本有"仁"，人人具足、下学上达、素位而行，深造以道自能通于神明，光于四海，不必他求，更不必将心灵托付于自身之外的其他神明。这是中国圣人的伟大，比供奉一个无所不知、无所不能、至高无上的神，让人高高仰望，来得更高明而朴实。

21. 子钓而不纲，弋不射宿。

【注释】

纲：大绳。这里做动词用。在水面上拉一根大绳，在大绳上系许多鱼钩来钓鱼，叫纲。

弋：用带绳子的箭来射鸟。

宿：指归巢歇宿的鸟儿。

【译文】

孔子只用（有一个鱼钩）的钓竿钓鱼，而不用（有许多鱼钩的）大绳钓鱼。只射飞鸟，不射巢中歇宿的鸟。

【感悟做人】

钓是仁德，纲是贪欲。

孔子如此做是其性情的自然流露，不是特意做给别人看的，更不是为了虚假的表演。有人会说："用一个钩钓鱼和用很多钩钓鱼，有什么本质的区别吗？不都一样是钓鱼吗？"区别就在于孔子是用品德在钓鱼，他人是用欲望在钓鱼。孔子钓鱼是为了修德，为了活着，不为获利；他人钓鱼是为了欲望，为了获利，为了活好。一个是德行的自然流露，毫无贪欲；一个是麻木不仁，欲壑难填。不射宿鸟也是一样，是仁德的自然表露。儒家不是让人断欲、灭欲、绝欲，而是让人把欲望保持在一个合理的程度上，无过无不及。儒家不是故作高尚，故作伟大，而是人性的自然流露，满足人欲的基本需求，从容中道，和谐共处。

22. 子曰："文，莫吾犹人也。躬行君子，则吾未之有得。"

【注释】

莫：约莫、大概、差不多。

躬行：亲身做到，从容中道。

【译文】

孔子说："就'文'（文章）而言，我大约和别人差不多。但做一个身体力行的君子，那我还没有做到。"

【感悟做人】

在本位上做什么才是真价值。

在孔子看来，"文"，他和别人差不多，别人能写好文章，他也可以，别人能言善辩，他也可以。这是外在才华，孔子自认为与他人旗鼓相当。但是若以"躬行君子"为标准，孔子认为自己还有差距。本章的核心就是两个字——"文"与"行"。孔子在强调作为君子，一定要落实在"行"上，要真心真意地从行动上落实君子的标准，一言一行都是仁性的显露，没有假装和做作，此为君子。本章也体现了孔子谦虚而力行的精神，这也是好学不厌、诲人不倦的写照。

23. 子曰："君子坦荡荡，小人长戚戚。"

【注释】

坦荡荡：心胸宽广、开阔、容忍。

长戚戚：经常忧愁、烦恼的样子。

【译文】

孔子说："君子心胸宽广，小人经常忧愁。"

【感悟做人】

不做亏心事，不怕鬼敲门。

君子乐天知命，俯仰无愧，其心坦然，无忧无惧，无丝毫得失之患，无点滴进退之难，居易以俟命，素位而行，用则行、舍则藏，达则兼善天下、穷则独善其身，贫富均能安身，贵贱皆能乐道，富贵也安、贫贱也安，何来私忧私虑。忧则忧道不行，忧则先天下之忧而忧，乐则后天下之乐而乐，真君子也。

小人纠结于物欲，蒙蔽于习气，斤斤于计较，耿耿于得失，为外景所牵，为他人所绊，巧言令色，谄媚足恭，却仍放心不下，得之患失之，失之忧害之，得与不得、失与不失都无法脱离。富贵不能安身，贫贱难耐凄凉，左也不安，右也不安，何时何境不戚戚，小人也。

24. 子温而厉，威而不猛，恭而安。

【注释】

温：和顺。

厉：严肃。

【译文】

孔子温和而又严厉，威严而不凶猛，庄重而又安详。

【感悟做人】

和顺积中而英华发外。

这是别人对孔子的印象，而孔子无此感觉。孔子修中正和顺之道，气相万千，随机而变。各种情绪和体态合乎中道，合乎"中和"。"厉""猛"等都有些"过"，而"不及"同样是不可取的。孔子的这些情感与实际表现，可以说正是符合中庸思想的，是其修德到达一定程度的自然显现。

25. 曾子有疾，召门弟子曰："启予足！启予手！诗云：'战战兢兢，如临深渊，如履薄冰。'而今而后，吾知免夫，小子！"

【注释】

启：开启，曾子让学生掀开被子看自己的手脚。

诗云：以下三句引自《诗经·小雅·小旻》篇。

免：指身体免于损伤。

小子：对弟子的称呼。

【译文】

曾子有病，把他的学生召集到身边来，说："看看我的脚！看看我的手（有没有损伤）！《诗经》上说：'小心谨慎呀，好像站在深渊旁，好像踩在薄冰上。'从今以后，我知道身体不会再受到损伤了，弟子们！"

【感悟做人】

谨慎来自修养，率性源于浅薄。

《论语》中孔子评价曾参"参也鲁"，"鲁"就是很老实听话、循规蹈矩的样子。《学而》篇中，曾子曰："吾日三省吾身，为人谋而不忠？与朋友交而不信乎？传不习乎？"可以看出曾参笃实、守礼，对自己要求很严。

本章中曾子病重奄奄一息，却让弟子认真看看自己的手、脚是否有破损，鲜活地体现了曾子笃实、守礼的态度。《孝经》云："身体发肤，受之父母，不敢毁伤，孝之始也。"曾子严格地遵守"礼"，不敢逾越一步，在这之前曾子也是"战战兢兢，如临深渊，如履薄冰"，可以看出曾子是多么的小心谨慎。曾子一生承担着"仁"的重任，岂能不以十足的恭敬心去履行？《论语》中，曾子曰："士不可以不弘毅，任

从《论语》学做人

重而道远，仁以为己任，不亦重乎？死而后已，不亦远乎？"这是多么的坚毅、担当与宽容。

那么，曾子为什么如此小心翼翼呢？我想，曾子之所以如此战战兢兢，是因为他认识到自己身上所承担的"弘道"大任。这个大任比生命更重要，照顾好自己的身体本身就是仁道的一部分，而且是基础。也只有照顾好身体，这个"弘道"的任务才能完成，这是第一点。第二点，曾子本身就很听话、很守礼，既然自己所传的道要守"礼"，那么自己在生活中就要严格遵守，不能说一套做一套，这是身教的形象展示。《孔子家语》中有一则故事：曾子病得很重，昏倒在床上起不来，同事朋友都去看他。乐正子春坐在床下，曾元、曾申坐在脚旁。站在墙角、手执烛火的童仆看着床上华丽的席子说："这席子花纹华丽光洁，是大夫那样的高官用的吧？"乐正子春深知曾子的秉性，赶忙让童仆住口。谁知昏迷中的曾子听到童仆的话，立即惊醒了说："啊！是呀，这是季孙送给我的，我应该换掉它，但我实在没有力气。"曾子就要求曾元扶他起来，换掉席子。曾元却打圆场说："您老人家已经病得很严重了，不能移动，一定要换的话就等到天亮吧。"但曾子坚持说这么华丽的席子不应该是自己这样级别的人所享用的，并一再要求在他闭眼之前换掉席子。无奈之下，曾元他们只好把病危的曾子扶下床，换掉了床上华丽的席子。众人再把曾子扶回床上。曾子还没有躺安稳，就安心地去世了。可见，曾子一生依"礼"行事，来不得半点马虎和懈怠。

26. 子曰："如有周公之才之美，使骄且吝，其余不足观也已。"

【注释】

骄：傲，恃才（权、财）凌人。德薄者必骄慢。

吝：不舍贪私。

观：欣赏、观赏。

【译文】

孔子说："即使有周公那样美的才能，如果骄傲自大而又吝啬小气，那么其他就没有什么可以欣赏的了。"

【感悟做人】

骄傲使人退步，谦虚使人进步。

半部《论语》治天下，丝毫不假。假如有人怀疑，那只是还没有悟透《论语》之真谛。本章以周公为例，主要说明德才的关系，也称为德才之辩。周公是中华历史上的圣人，其制定的"礼乐文化"框架奠定了中华文明的基础，功不可没。孔子说："假如你有周公这样的才美，但骄傲、吝啬，则其他的就不值一看。"为什么呢？因为有才无德。骄者恃才傲物、心不容人、刚愎自用、无谦恭之心，已无任何进步的可能。吝者，自私自利、心胸狭窄、贪占财物、不分利与人，已无丝毫仁德可言。一个没有谦德只有傲慢、没有仁德只有私利之人，有何才能？有才也是为自己的私心服务，为欲望服务，为傲慢服务，还有什么可以欣赏的呢？

才是德的自然流露，无德之才如无本之木、无源之水，不会长久只是昙花一现。

27. 子罕言利与命与仁。

【注释】

罕：稀少，很少。

与：赞同、肯定。

【译文】

孔子很少谈利，却称赞命，称赞仁。

【感悟做人】

求之有道，得之有命；为仁由己，富贵在天。

"直言曰言，论难曰语"，直接说的话就叫言，互相讨论的话就叫语。如此，本章的意思就比较清楚了。孔子很少和他人直接谈及"利"，却经常谈起并称赞"仁"和"命"。孔子看到在"利"的促使下邦国相争、人伦尽丧，个个如逐利之小人，片刻不息，他主张"先义后利"是希望教化人回归到真正的"仁"道来，将社会回归到"义以为利"的正道上来，是替万民计、替万世计。孔子谈及"命"，是因为在他看来"命"虽天定但仍在人性之中，好学修德便可知晓，待知命则自然依命而安、顺道而行。如《论语》有言："不知命，无以为君子。"

28. 子曰："法语之言，能无从乎？改之为贵。巽与之言，能无说乎？绎之为贵。说而不绎，从而不改，吾末如之何也已矣。"

【注释】

法语之言：法，直、厉。用直言和厉言、正言相告，不修饰、不拐弯。

巽与之言：巽，恭顺，谦逊。就是委婉、和顺，语言背后暗含其他的意思。

与：称许，赞许。这里指恭顺赞许的话。

说：同"悦"。

绎：原意为"抽丝"，这里指推究、追求、分析、鉴别。

末：没有。

【译文】

孔子说："法规正言来规劝，谁能不听从呢？真心改了才是最可贵的。恭顺赞许的话，谁听了能不高兴呢？明白其真正的意

思，才是可贵的。只是高兴而不去揣摩分析背后的真意，只是表示听从而不改正自身的错误，（对这样的人）我拿他实在是没有办法了。"

【感悟做人】

良言一句三冬暖，恶语伤人六月寒。

用法律法规直言正告，人们不得不听，但关键的是真心改过，而不是敷衍应付。

好听的、恭维的、赞扬的话人人爱听，孔子也知道，但关键是听话者要明白这些"巽言"后面的真正意思是让你改正或提高，是对你的缺点的一种委婉批评和指点，不能因此而沾沾自喜、不明道理、越走越远。孔子说只听好听的话而不去琢磨，只是服从而不去真心改过，"我"也没有办法让其真正进步。

本章主要是要说明人应该学会听话。无论好话赖话、粗话细话，关键是要听懂话，并及时改正自己的错误和不足。

29．子曰："衣敝缊袍，与衣狐貉者立而不耻者，其由也与？'不忮不求，何用不臧？'"子路终身诵之。子曰："是道也，何足以臧？"

【注释】

衣：穿，做动词用。

敝缊袍：敝，坏。缊，旧棉絮。这里指破旧的棉袍。

狐貉：用狐和貉的皮做的裘皮衣服。

不忮不求，何用不臧：这两句见《诗经·邶风·雄雉》篇。忮，害。别人有而生羡慕、嫉妒、恨。求，耻自己没有而央求。臧，善，好。

【译文】

孔子说："穿着破旧的棉袍子，与穿着狐貉皮袍的人站在一起而不觉耻的，大概只有仲由吧。（《诗经》上说：）'不嫉妒，不贪求，何为而不善？'"子路听后，终身吟诵这句诗。孔子又说："这是符合道的（很正常的），有什么好炫耀自夸的呢？"

【感悟】别人有啥不眼红，自己缺啥不自卑。

孔子对子路不以服饰破旧为耻大加赞扬，表达的是人们应以内在学问不足、品德修养不够为耻，而不要以穿破旧衣服而为耻。生活中，很多人都以自己的面容不够姣好、身材不够苗条、衣服不够名牌、车子不够高档、皮包不够时尚、发型不够新潮而耿耿于怀、坐卧不宁，还因此怪家里人没有本事，结果闹得家里鸡飞狗跳。在这些人看来，人的尊严全部是因为外在的这些物品"装扮"起来的，这些物品在自己身上就有尊严，这些物品不在自身身上就没尊严。换言之，是否有尊严靠的是外在的物质而不是内在的品行。这是一种极端不自信的表现。如同进到宝马车里就有尊严，下了宝马车就没有了尊严，这是何等可笑！子路的自信和尊严来自于其品德的高尚、气节的高贵，不会因为物质环境的充裕而增加，也不会因为物质环境的贫乏而减退，这才是真尊严。历史上无数仁人志士为我们演绎了太多人穷志不短的精彩。看看他们，想想自己，真该反省反省当下在我们身上的"耻"应该是什么。

"不忮不求"四字，精彩绝伦。不会因为别人拥有而产生羡慕、嫉妒、仇恨的心情，这是宽容、欣赏、积极的品德使然。不会因为自己没有而觉得羞耻，进而央求乞怜，这是猥琐、狭隘、消极的思想。"不忮不求"，泰然而自信、积极而乐观，不被名利所蔽、不为情绪所牵，着实难得，故孔子赞之。

举个例子，两个人喝水，一个用金杯，一个用泥杯。等喝完水后，前者觉得自己富贵，后者认为自己贫贱；前者得到了虚荣的满足，后者陷入了羡慕的烦恼。他们都忘了自己需要的是水，而不是盛水的杯。生活也是如此，不要被过多不需要的东西所烦恼，生活的目的是幸福，关键在心态。一个上千元的玩具和一个自己捏的泥人，带给人的快乐是等价的，生活需要的是"水"而不是"杯"。细细品味成长经历，人生最快乐的时光恰恰是不羡慕、不计较身外之物时。

【本章小记】

应认真呵护和修养你的品德，因为品德是真正高贵之所在；谨慎地注意你的谈吐，因为谈吐是最容易忽略的行为；依良知施展你的行为，因为符合良知的行为是本性使然；坚定你的好习惯，因为习惯成自然，良好的习惯能够成就良好的待人接物、为人处世的外在形象，因此而改变你的命运、生活和未来。

第六篇

做人与学习

【前言】

学习的目的——立德树人

学习，一分为二，学是从外往内吸收，习是从内往外应用。学习，合二为一，学要通过习来体悟，习要通过学来融通。学习，本为一，不是二。

学习的目的是立德树人。儒家认为，学习的终极目的、根本目的、全部目的就一个"立德树人"。如《大学》云："大学之道，在明明德，在亲民，在止于至善。"当人通过学习让自己的明德光明而辉煌、持久而稳定，则"立德树人"成矣。

如何通过学习完成立德树人？

第一，志于道。子曰："志于道，据于德，依于仁，游于艺。"儒家要求学习者必须明白，学习志在得道，志在圣贤，心无此志向则会随波逐流、无法坚持、惰性缠身、俗事牵绊，而学业难成。志于道是立志高远，道是万事万物的根本所在、人性完备的最高境界。得道者人性灿烂，事理圆通，无可无不可，从心所欲不逾矩。而志于道则摆脱于志于器之局限，心胸弘大，天人合一。

第二，立于孝。《孝经》云："孝者，德之本也，教之所由生也。"孝是学习的基础、原点和根本。"孝悌也者，其为仁之本与！"从孝生出悌，从悌生出信，从信生出忠，从忠生出廉，各种德行相应而成，为德目，融聚成为全德——"仁"。仁是人之本性，是德之全相，是明德，是孝的至大至明。学习必须从"孝"处着手，立德之根、立人之根均自然生成，阳光照之，雨露润之，立德树人则自然长成。反之，不以孝为根，厚此薄彼，本末倒置，南辕北辙，则学习永远只是在"器"上用力，而没有进入"道"之境界。

第三，依于己。学习不能找拐棍，不能依靠他人。儒家学问是蓄德之学，不是记问之学；是明德之学，不是技艺之学；是谋道之学，不是谋食之学。人人本性具足，无须他求，只要老师引导、朋友切磋，勤学用功，自验自证，自能满满收获。反之，若一味他求，依靠师友，疏于力行，忙于显摆，则无人能帮、神灵难助。

第四，辅于友。《学记》云"独学而无友，则孤陋而寡闻"，《论语》中有"有朋自远方来，不亦乐乎""三人行，必有我师焉""君子以文会友，以友辅仁"，可见儒家倡导的学习不是闭门造车，而是要切磋琢磨。儒家的学问是人道的学问，是人与人相处的学问，自然要放诸实践予以践行。与三五好友相互学习，既是对自身学问的提高、修正，更是在实践中学会与人相处。反之，学不力行，则为无用之学。

第五，笃于行。儒家学习的目的是明性、明理，之后要将此理融入事业中、为政中、修身齐家平天下中，而不是夸夸其谈的说教，更不是知行分离的虚假。儒家反对巧言令色者，反对故弄玄虚者，反对理论说教者，反对说一套做一套者，反对言不及义者，反对知行不一者。儒家的学习要落实到力行上、笃行上，要落实到改变自身习气上，要达到能修身齐家平天下的德行上，这是学习后最真实的表现和价值。

如何判断"立德树人"的程度呢?

《礼记·学记》中有"一年视离经辨志;三年视敬业乐群;五年视博习亲师;七年视论学取友,谓之小成。九年知类通达,强立而不反,谓之大成",是说"学习一年,志在圣贤者为合格;三年后看其是否热爱学习,并能和伙伴们打成一片,人际交往良好;五年看其学习是否广博,亲师博学;七年看其学习后是否形成自己的观点,挚友、知音都是哪一类人。以上七年按标准做到了就叫'小成'。第九年,知识广博、义理圆通、志向坚定、不为外物所牵绊,可以说大功告成了,谓之'大成'"。

由此可见,儒家看一个人是否通过学习达到"立德树人",主要在于三个方面:第一,志在圣贤,强立不返;第二,朋友高尚,关系和谐;第三,博学多闻,事理圆通。一切的考核标准皆源于生活、立于做人,无分数、学历、文凭之考核,全在自身功夫之扎实。

【知识点】

1. 学习的目的只有一个——立德树人。

2. "大学之道,在明明德,在亲民,在止于至善。"

3. 完成立德树人的方法是"志于道、立于孝、依于己、辅于友、笃于行"。

4. 判断一个人是否立德树人,主要在于三个方面:"第一,志在圣贤,强立不返;第二,朋友高尚,关系和谐;第三,博学多闻,事理圆通。"

【思考】

1. 只学习做人,不会做事怎么办?

2. 做人诚实守信,但在社会上会吃亏,无法生存怎么办?

3. 儒家之学做人是不是太迂腐了,与当代社会不适应?

4. 请思考"教为性摄,政为教摄,刑为政摄,兵为刑摄"(马一浮)是什么意思。

【《论语》经典章句赏析】

1. 子曰："学而时习之，不亦说乎？有朋自远方来，不亦乐乎？人不知而不愠，不亦君子乎？"

【注释】

子：中国古代对于有地位、有学问的男子的尊称，也泛称男子，有时女子也称子。

学：觉也。像两只手拨开孩子头脑上的迷蒙，将孩子的智慧开发出来，让人性觉悟，人之明德渐明。

时：太阳光的脚步。

习：像小鸟在太阳光下不断地练习飞行，有实践、践行的意思。

之：代词，本章最重要、最关键的字。"之"特指人之本性，或泛指一切学习的对象。此处解释为人之本性最为恰当。觉悟人的本性，并按人的本性践行、生活。

说：喜悦、欢喜义。是由内而外喜悦的体会，是学而有得后的欢喜，不是外在刺激带来的愉悦。

朋："同门曰朋，同志为友"，即同在一位老师门下学习的叫朋，志同道合的人叫友。

乐：与"说"有所区别。悦在内心，乐显于外。乐是外在的刺激带来的欢快。

人不知：此句不完整，没有说出人不知道什么。缺少宾语。一般而言，"知"是了解的意思。人不知，是说别人不了解自己。

愠：恼怒，怨恨。

君子：《论语》书中的君子，有时指有德者，有时指有位者。

此处指孔子理想中具有高尚人格的人。

【译文】

孔子说："学习它并不断反复践习它，不是很喜悦吗？有志同道合的人从远方来，学习切磋，共同提高，不是很令人高兴的吗？人家不了解我，我也不怨恨、恼怒，不也是一个有德的君子吗？"

【感悟做人】

学习的根本是觉悟人性。

鸟之所以飞翔是因为鸟天生就有飞翔的本性，也可以叫天性。人是万物之一，有万物的通性，也有人本身所具有的、独一无二的属性，孔子称其为"仁"。这也就是《大学》中的"明德"。《诗经》中的"懿德"是其一，也是最重要的。不明白这一点，就不懂《论语》，就不懂儒家，就不懂"我心光明"，就不懂"人性本善"，就不懂"我欲仁，斯仁至矣"，就不懂"里仁为美"。

其二，鸟有鸟性，按照鸟性不断地练习，才能让鸟飞翔的本性充分得以施展，才像只鸟。不学习，不练习，鸟飞翔的天性虽然有但永远发挥不出来，鸟也就不像一只鸟了。人也要觉悟，明白人性（也就是仁性、天命之性），并不断地去充实、强大仁性，让仁性指导我们的言行和处事，这就是学习的最重要含义，也可以说"教育的目的是立德树人"，就是要把人性的光辉充分发挥出来。

其三，仁性占据多少呢？人从自然界中进化而来，逐渐成为生物链中的顶端，不可避免地人的身体中有很多生物界的属性，如吃喝拉撒睡、贪婪残暴等。翻看人类进化的时间轴可以粗略估计，仁性所占比例只是人全部天性中很少一部分，孟子称为"异于禽兽几希"。

《论语》第一章开宗明义，不是要告诉世人"学习了并不断复习它，是很快乐的"，而是要告诉我们，人之所以为人，最高兴的是通过学习觉悟人之本性，并按照人的本性不断地践行提高，逐渐让自己的人性达到止于至善。在这个过程中，自己觉悟了会很开心，很多朋友慕名而来一起学习，觉悟人性、辅助成长，更高兴。

2．子曰：弟子入则孝，出则悌，谨而信，泛爱众而亲仁，行有余力，则以学文。

【注释】

谨：慎也。意思是慎重、小心，郑重地、恭敬地。

泛：广泛。如漂浮水上而无系着。与众皆有爱心但更亲近其中仁者。

【译文】

孔子说："弟子在家行孝道，出门则尽悌道，言行谨慎信实，爱护人人，亲近其中的仁者。做好这些后，仍有余力再学习文章辞令。"

【感悟做人】

学历文凭不代表做人之高低。

本章是讲修学的次第，后世依据此章而有了童蒙教材《弟子规》，《弟子规》从入则孝、出则悌、谨、信、泛爱众、亲仁、余力学文七部分将小孩子的日常行为详细进行了规范表述，是孩童规范行为的好教材。那么，《弟子规》到底在说明什么呢？《弟子规》是孩童的礼仪规范，行为准则，是培养一个人从自私提升到无私的过程，是人文明行为的阶梯。

《弟子规》源于封建社会，有封建社会的烙印，这无可厚非，但不能因此而否定它的积极作用。

3．子曰："君子不重，则不威；学则不固。主忠信。无友不如己者。过，则勿惮改。"

【注释】

重：庄重、自持。

固：固陋解，不学则见闻少，学则不固陋。

主忠信：以忠信为主。

无：同"毋"，"不要"的意思。

不如己：没有不如自己的朋友，即每个朋友都比自己优秀。

过：过错、过失。

惮：害怕、畏惧。

【译文】

孔子说："君子，不庄重就没有威严；学，可以使人不固陋。要以忠信为主。没有哪个朋友不如自己。有了过错，就不要怕改正。"

【感悟做人】

人的进步就在于不断改正错误。

本章中，孔子提出了君子应当具有的品德，这部分内容主要包括庄重威严、认真学习、慎重交友、过而能改等项。作为具有理想人格的君子，从外表上应当保持庄重大方、威严稳泰的形象，使人感到稳重可靠，可以付之重托。他重视学习，不自我封闭，善于结交朋友，而且有错必改，以上所提四条原则是相当重要的。作为具有高尚人格的君子，过则勿惮改就是对待错误和过失的正确态度。一个人能承认错误，勇于改正，不但是志于道的体现，更是其胸怀坦荡、言行忠信的表现。

忠信是本，威、固、改是末。君子要以忠信为本，有过错不怕改是忠信的品质，因此忠信是君子之本。如"言忠信、行笃敬"一样，忠信笃敬都是德之外发、自然表达。

4．子曰："君子食无求饱，居无求安，敏于事而慎于言，就有道而正焉，可谓好学也已。"

【注释】

敏：捷速。

就：靠近、看齐。

有道：指有道德的人。

正：匡正、端正。

【译文】

孔子说："君子，不追求饮食的饱足，不追求居住的舒适，对工作敏捷，说话谨慎，亲近有道之人，匡正自己言行，可以称为好学了。"

【感悟做人】

君子的好学是德行的提升，小人的好学是物质的追求。

《论语》中的君子有时从"位"而言，如国君、邦君等，有时从"德"而言，指修养品德高尚的人。本章是从德上言君子。孔子认为，一个君子，不应当追求自己的饮食与居处，将志向和心思放在物质享受上，而应该在德行上、在工作上勤劳敏捷，谨慎言行，并且能亲近有道之人，匡正自己的行为，少犯错误。这样才能天天进步，苟日新、日日新。君子应该节制物欲的享受，在塑造道德方面用力。"慎于言"不是少说话而是选合适的人说该说的话，不是肆意胡说、恣情乱说。本章的关键是理解富贵与求道的本末关系。君子志在求道，对于物质享受，有则享，无则安于贫。君子重自身修养，敏行慎言，以有道之人辅助自己成仁。

君子之本在"求道"，而末是衣食住行，其方式是慎言敏行。食居是为了活着，但活着不是为了饱安，而是要亲近有道之人，成就自己的修养。

5．子曰："吾与回言终日，不违，如愚。退而省其私，亦足以发，回也不愚。"

【注释】

回：颜回，字渊，孔子早年弟子，最为孔子所喜爱。

不违：不违背，不违逆，默而识之。或说触类旁通，一点就通。

退：退出学堂，独自思习。

发：启发，发挥。

不愚：不愚笨。

【译文】

孔子说："我和颜回谈论一整天，他从不提反对意见和疑问，就像一个愚笨的人。我注意观察他不在我眼前的情况，却发现他很能发挥我所讲的内容。颜回并不愚笨啊。"

【感悟做人】

"空杯"是学习的最好心态。

这是孔子对颜回先抑后扬的赞叹，惜才之情跃然纸上。师生二人给我们展现了一个好老师和好学生的鲜活场景。老师终日教授，颜回终日好学，均无倦意，一个如阳光普照，一个似万物生长，无有遗漏。"不违"二字最为有力，既体现颜子心若虚谷，更体现整日专心、无有分心、全神贯注。

同时，本章也告诉我们一种学习的方式，儒家的学问是蓄德之学，不是口耳之学，不是记问之学，而是需要默而识之、体悟感悟。颜子之所以能够不违如愚，一则是对孔子道统的"信"，一则是自己本身的"不愚"。不愚之人一点就通，不愚之人该吸收时吸收、该发挥时发挥，不会图口舌之快而故作表现。如佛学中的"信、解、行、证"一般，信是吸收的前提，若对此道不信，则无法学习、无法吸收。反之，此道若不真而伪，则不能长久，更经不起发挥。此章表现孔子善教、颜子善学，教学相长，学习相应。

6. 子曰："温故而知新，可以为师矣。"

【注释】

温：慢火炖是温，慢慢地琢磨、吸收旧的知识和经验。

故：旧所闻、昔所知为故，今所得、新所悟为新。

师：会意字。本义为军队，引申为众多。后演变为一个人率领着一群人，如军队行军、师者率徒游学。

【译文】

孔子说："能从温习旧知中开悟出新知，乃可以作为人师了。"

【感悟做人】

能够创新可谓师者，不能创新可谓匠者。

时时温习旧的知识经验而开发新知，乃师者之心得。有体会、有感悟则说学在我，感悟愈其则融会贯通，有新知才能有得，有得才能体悟，有体悟才能为人师，如此能学才能教。温故是说对以前的知识要有敬意，不能抱随意、轻视的态度，要如小火炖汤一样，进而开创出新知。

另一说：温故是探究根本，知新是与时俱进；温故是根本不变，知新是展现变化。如殷礼、夏礼有变与不变，推而远之，百世之后仍有变与不变。"知古不知今，谓之陆沉；知今不知古，谓之盲瞽。"温故须能知新，而知新必先温故。没有创新的传承是僵死的传承，没有传承的创新是无本的创新。

7. 子曰："学而不思则罔，思而不学则殆。"

【注释】

罔：迷惘。

殆：危险。

【译文】

孔子说："只学习而不思考，会迷惘。只思考而不学习，会危险。"

【感悟做人】

思是深度，学是广度，学思共用是精度。

　　人的学习一般是由六根来摄入的，主要是耳目，从耳目摄入后却不去思考，不去分辨对错、是非，左听有道理、右听有道理，有人这么阐述觉得丝丝入理，有人那样说也觉得井井有条，自己不反省自问、不假思索，更不愿理性地选择，只凭情绪胡乱吸收，这样就会迷惘，不知所措。当碰到事情或问题时，人云亦云，没了主张。

　　一个人只思考而不向外学习，不学经典，不向师长、朋友、社会学习，就只能是井底之蛙，固步自封。有成绩的人无不是通过学习而取得的，不学习先贤能人的经验、知识，可以说如平地起楼没有砖瓦。孔子说"述而不作、信而好古""学而不厌""三人行必有我师焉""温故而知新"，牛顿说"如果说我比别人看得更远些，那是因为我站在了巨人的肩上"，都说明了学习的重要性。

　　儒家主张学思并行、学思并重。如果要在两者中比较一下哪个更为重要，儒家选择了"学"。人天生就会思考、会选择，但往往这种选择是情绪的选择、私欲的选择，而不是本性的选择。如买一件衣服，人人都知道价廉物美、耐用整洁，但很多人却会选择品牌、时尚，实际上只是满足了自己的虚荣，经常把虚荣、炫耀当作人性的本真，巧言饰非。众人都有标榜自我聪明的毛病，认为自己的想法、自己的观点、自己的方案是最高明、最准确的，不愿意听取别人的意见。圣人教导我们要具有谦虚的心态、好学的精神，才能知道山外有山、人外有人。只有去掉浮躁自满的弊病，具备谦虚好学的美德，才能提升自己的境界和格局，才能比别人看得更远。若一个人不学习，自以为是、自作聪明，就会固执自见、不听劝解，就会做出很危险的抉择，小则损伤自身，大则家毁人亡，这难道不危险吗？

8．子谓子贡曰："女与回也孰愈？"对曰："赐也何敢望回？回也闻一以知十，赐也闻一以知二。"子曰："弗如也；吾与女弗如也。"

【注释】

愈：胜过、超过。

十：指全体、整体。

二：二者，正反面、一分为二。

与：赞同、同意。

【译文】

孔子对子贡说："你和颜回谁更胜一些呢？"子贡对答说："我怎敢和颜回相比呢？颜回听到一件事可推知十件事；我呢，知一件事，能推知两件事。"孔子说："是不如他呀，我同意你的话，是不如他。"

【感悟做人】

知道不如人是进步的基础。

本章有三层意思：第一，孔子让子贡自己对比颜回，说明子贡本身已经修养很高，但和颜回比较还有差距。为了让子贡继续进步，最好的办法是让其自己有努力的榜样，并知道自己的差距在哪里，表现了孔子因材施教、循循善诱。第二，子贡反省心诚，言其与颜回差距巨大。然"闻一知十"只是别人对颜回的评价，"有若无，实若虚，犯而不校"也是别人对颜回的评价，而颜回本人却不这样认为。颜回真正既无"有"更无"无"，他就是他，颜回对自己的评价只是"既竭吾才"和"请事斯语"，这就是圣人，这就是颜回，这就是圣与凡的区别和根本。第三，展现孔子的胸襟，孔子言自己也不如颜回，指的不是名也不是利，更不是好学的精神不如颜回，而是"闻一知十"的变通和思考深度。孔子评价自己"好学不厌、诲人不倦，不知老之将至云尔"和颜回的"既竭吾才","请事斯语"是一样的，但"终日不食，终夜不寝，以思无益"与"退而省其私，亦足以发"相比较，似乎颜子胜于孔子，这是孔子的大气象和师者之精神。

9. 子曰："十室之邑，必有忠信如丘者焉，不如丘之好学也。"

【注释】

邑：古代居民的集聚地，如现代的小镇、小村。

【译文】

孔子说："只有十户人家的小村子，也一定有像我这样忠信之人，没有像我孔丘这样好学的。"

【感悟做人】

资质是天生的，但好学是自己努力的，好学近乎知。

忠信人人具有，与生俱来，只是后天被习气蒙蔽而不知本有。孔子是一个十分坦率直爽的人，他认为自己的忠信并不是最突出的，因为在只有十户人家的小村子里，就有像他那样讲求忠信的人。但他坦言自己非常好学，承认自己的德行修养和才能精进都是通过学、习而来的，并不是"生而知之"。

孔子多次评价自己"学而不厌，诲人不倦，何有于我哉"，"发愤忘食，乐以忘忧，不知老之将至云尔"等，都表明了孔子好学的品质。本章中孔子说本性人人具足、忠信人人都有，他之所以能从人群中脱颖而出主要是因为"学"，只要不自暴自弃、好学不厌，人人都能够成功。这既是实事求是的表述，更是对后人巨大的鼓励。

很多人天生不聪明但自作聪明，天生不灵光却固执己见。愚蠢而懒惰、浅薄而固陋是人不能上进、人不能成圣之所弊。

10. 哀公问："弟子孰为好学？"孔子对曰："有颜回者好学，不迁怒，不贰过。不幸短命死矣，今也则亡，未闻好学者也。"

【注释】

不迁怒：不被怒所迁。

不贰过：不因同一个原因而再次犯错。

短命死矣：鲁哀公十四年，孔子七十一岁，颜回卒。

亡：同"无"。

【译文】

鲁哀公问孔子："你的学生中谁是最好学的呢？"孔子回答说："有一个叫颜回的学生好学，他不会被情绪所迁，不犯相同的错误。不幸短命死了，现在没有那样的人了，再没听说过谁好学了。"

【感悟做人】

修养德行是真好学。

每每读到此句，夫子哀痛、伤心、叹息的形象跃然纸上。当时孔子已过七十一岁，鲁哀公询问弟子中谁最好学，孔子回答是颜回，并对颜回的"好学"说明了原因。"不迁怒、不贰过"，短短的六个字非世人所能做到。世人以为起早贪黑、头悬梁锥刺股就是好学，然夫子却从未如此说过。有学者将"不迁怒"解释为不把怒气迁于他人，这是错误的。

这里的"怒"是人"情绪"的代表，人生来就有复杂的情绪，而儒家提倡要培养人的性情，使性情因境而发、因时而发，"喜怒哀乐之未发，谓之中，发而皆中节，谓之和"是中庸之道。不能泯灭人性，更不能放纵欲望，要将欲望和情绪都调控在一个合适的范围内。

颜回是孔子弟子中修养最好的，已经触摸到了孔子的道体（仰之弥高，钻之弥坚，瞻之在前，忽焉在后），孔子也说其"三月不违仁"，可见其好学的程度。所以，"不迁怒"是说颜回安于仁中，自己的一举一动不为情绪所迁。"不贰过"是"喜怒哀乐之未发，谓之中，发而皆中节，谓之和"。颜回的视听言动都合乎礼、安于仁，不但不为外物所迁，也不会被自己的情绪所迁，其一举一动、一言一行都从容中道，合于礼，这是很高的修养，这才是好学的真正含义，也说明颜回已经基本掌握了夫子之道，然其命薄未承道统，夫子哀叹之。

11. 子曰："君子博学于文，约之以礼，亦可以弗畔矣夫。"

【注释】

博学于文：博，规模宏大。文，天地间一切事物现象，道之显者谓之文。

约之以礼：约，约束，遵礼而动。礼，天地之序、人伦之序，是道的规律和方法。

畔：同"叛"。君子文礼兼修，博文约礼，从容中道，还有什么可以叛于道的呢？

【译文】

孔子说："君子博学于文，依礼行事，也就不会离经叛道了。"

【感悟做人】

先做人后做事，做人的标准就是"礼"。

本章寓意深刻，告诉君子应依礼而行。如何才能依礼而行，则需博学于文，博学于文则事理渐明。格物致知，自晓心止何处。自晓心止何处才能不为外物所迁、物欲所蔽、习气所迷、通透明了、约礼克己、躬行实践。

12. 子曰："述而不作，信而好古，窃比于我老彭。"

【注释】

述而不作：《礼记·乐记》中有"知礼乐之情者能作，识礼乐之文者能述，作者之谓圣，述者之谓明"，所以"述而不作"是指夫子只转述而不创作。

信而好古：信古之道而好之。古之道是古圣先贤所觉悟的义理心性，不学不知，需好古敏求。只相信自己、不相信古人先贤的人是妄自尊大。

窃：私，私自，私下。

老彭：殷商一位"好述古事"的贤大夫。

【译文】

孔子说："只转述不创作，相信且喜好先古之道，我私下把自己比作老彭。"

【感悟做人】

人不可妄自菲薄，要对历史文化抱有温情和敬意。

万世师表、至圣先师的孔子说自己是述而不作、信而好古是谦虚还是真实呢？越是圣人，说的话就越真实，绝无虚假之词。或许有人会说孔子"修诗书、正礼乐、赞周易、述春秋"难道不是创作吗？按今人的说法一定是创作了，但孔子认为他只是对古人的思想进行了订正和修编，并没有自己创作，只是为了让后人能更好地吸收古圣先贤的思想而进行补充和完善。中国的文人不轻易创作，担心自己的著作给后人带来巨大的伤害，穷其一生也仅著作少许，但字字珠玑、意蕴深远。《四库全书》的主编纪晓岚经常说："世间的道理与事情，都在古人的书中说尽，现在如何在著述，仍然超不过古人的范围，又何必再多著述。"纪晓岚一生之中，从不著书，只是编书，整理前人的典籍，将中国文化做系统的编类，以便后世学者学习。自己的著作只有《阅微草堂笔记》一册而已。中国古人对于著述是非常慎重的，对于前人经典又是极其尊敬的，这种述而不作、信而好古的思想一直成为中国文人的态度和性格，他们把自己看成道统的继承者和传播者。"为天地立心，为生民立命，为往圣继绝学，为万圣开太平"，宋代大儒张载的《横渠四句》成为无数中华文人的毕生使命，他们达则兼善天下，穷则传道授业、继承道统，才使得中华文明得以生生不息、源远流长。无数文人志士用自己的生命传承着中华文化远古的智慧，尊重中华文化中的先哲圣人，慎终追远，报恩返祖。历史、人文、经验、精神、血脉就这样代代相传，构架出中国人博大而恢宏的精神家园、精神殿堂。

孔子述而不作、信而好古是好学、恭敬的体现，是对人性本通、人性本足的体验。没有对古人的恭敬就不会信，不会信就无法学，无好学之心如何能好古敏求，孔子之所以成为千古圣人，其好学、谦虚的品德是最主要的原因。

13. 子曰："默而识之，学而不厌，诲人不倦，何有于我哉？"

【注释】

识：记住的意思。

诲：教诲。

何有于我哉：对我而言，我又有什么呢？

【译文】

孔子说："默默记住，勤学不厌，教人不倦，除了这个，我又有什么呢？"

【感悟做人】

只要自己愿意，勤劳好学有什么困难呢？

"言终日，不违如愚"就是默而识之，儒家学问是入心之学，而非口耳之学，是蓄德之学，而非记问之学。学的是修养，修的是明德，不是急着去表达给别人看自己很厉害、自己很优秀。往往真正有修养的儒家言语很少，没有夸夸其谈的佞才，也没有随处展示的傲气，有的只是内敛的谦光，好学不厌。

人的学习主要来源于六根（眼、耳、舌、鼻、身、意），眼、耳是信息的主要通道，博学后要慎思，这些信息要默默地记住并思考、分辨，而不是盲目地表达，明白后要勤学笃行、躬行实践，再体悟再提升，越来越精进。

14. 子曰："德之不修，学之不讲，闻义不能徙，不善不能改，是吾忧也。"

【注释】

德之不修：博文约礼是修德之道，博文是理论，约礼是实践，知行合一，修之以礼。

学之不讲：讲，习义。修、习、讲是同义。

徙：迁移。此处指靠近义、做到义。

【译文】

孔子说："德不修，学不习，该做的不去做，有缺点不能改，这是我所忧虑的。"

【感悟做人】

人最应该忧虑的是如何改掉自己的不良习气。

本章四端是自省之法，不是责人之言。己德不修是不仁，学而不习是不智，该做不做、不善不改是无勇。这四点人人都能做到，朴实而平淡，但应天天做、时时做。如前一章的"默而识之，学而不厌，诲人不倦"也是人人能做，苟能对自己天天修德，闻善既从、学之不辍则苟日新、日日新，也就是"好好学习，天天向上"。

孔子忧道不忧贫，没有因为房子大小而忧，没有因为地位高低而忧，没有因为财富多寡而忧，没有因为孩子升学而忧，孔子忧的是自己智仁勇做得不好而荒度时光。反观我们忧的是什么呢？这需要我们警惕反思。

15. 子曰："志于道，据于德，依于仁，游于艺。"

【注释】

志：心之所向，心所想达到者。

道：事物之本体、规律，最根本的基因。

据：依据。德如杖，必须持之勿失。失持则倾，倾则失正。

德：德者，得也。道得之于心谓之德。

依：依循不离，永含其中。

仁：人性中之高尚光明一面，是明德。

游：泳。

艺：才能，技能。

【译文】

孔子说："以得道为志，据德而修，依仁不离，精通于艺。"

【感悟做人】

做人做事的根本依据是"仁"。

依李炳南教授之《论语讲要》来述：此章为儒学之总纲，志据依游是孔子教人求学之方法，道德仁艺是孔子教人求学之实学。道是体，德是相，皆是内在。仁艺是用，皆是外在。仁是用之体，如树总根，半内半外。艺是用之别，喻如枝干，纯属于外。孔子学说以仁为本，由仁发艺，以艺护仁，仁艺相得，喻如根干互滋。仁源于德，德源于道。道德非中人以下可解，然行仁艺，道德即在其中。如此由体达用、用不离体，中国文化之精神即在是焉。

道是世间万事万物的根本。道在人身，谓之仁；仁之分相，谓之德；依仁用仁，而生艺。艺是仁之载体，艺是仁之媒介，游艺是施仁，游艺是用仁。道、德、仁、艺本为一体，因景而异。

16. 子曰："自行束脩以上，吾未尝无诲焉。"

【注释】

束脩：脩，干肉。束脩就是十条干肉。孔子要求学生初次见面时要拿十条干肉作为学费。后来，就把学生送给老师的学费叫作"束脩"。

【译文】

孔子说："只要自愿拿着十条干肉为礼来见我的人，我从来没有不给予教诲的。"

【感悟做人】

教育是最好的恩惠。

有人问，孔子为什么一定要让学生拿干肉给他？难道这个伟大的圣人就不能做义工，搞义务教育？仔细想想，这就是肤浅、俗陋的想法。《学记》里面说："师严然后尊道。道尊而后民知敬学。"老师不严，道就不尊，道不尊，学生就不尊重你的学问，老师说的话就不信，不信就怀疑，为什么要听你的呢？如此，则学不成、业不进，那么这个学问、道德、智慧的价值又在哪里呢？为了表示诚心，就要有中介之物，此乃"束脩"之礼。《西游记》中唐僧为得到三藏经典，将唐太宗御赐的紫金钵盂送给阿难尊者。《礼记》有云："古闻来学，未闻往教。"因此，向学生收取必要的学费是尊师重道的表现，也是学生诚心的体现。

本章中的"自行"很关键，是求学而非求教。有此自行之心，则学业有望。"未尝"体现了孔子的善教与乐施。

17．子曰："不愤不启，不悱不发。举一隅不以三隅反，则不复也。"

【注释】

愤：心求通而未得。

悱：口欲言而未能。

隅：角落。

【译文】

孔子说："不到想求通而不通的时候不去启发他，不到想表达而又不会表达的时候不去引导他。告诉他一个，他却不能举一反三，我就不再教他了。"

【感悟做人】

学习者丧失了主观能动性，教也是白教。

学生求学，贵在自学。整天思考却总是想不通，此时老师只要给他一个图案、一个字、一段话，他就能打通自己的不通，豁然开朗，这样不但悟性提高而且终身不忘。没有深刻的思考，求学是不会长进的。还有一种情况是学生心里想通了，可就是不知道如何表达，这时老师稍作点拨，学生就能欢欣鼓舞。对不能举一反三者，其用心还不够，需要主动思考求学。总之，求学之路，一要诚心自愿，二要自行上进。高明的老师能发现你到了什么程度，指点你下一步应该如何走。真正的教育是教会人能自我教育，而不是永远依靠别人，这就是孔子教育思想的伟大之处。

18．子在齐闻《韶》，三月不知肉味，曰："不图为乐之至于斯也。"

【注释】

《韶》：舜时的乐曲。

【译文】

孔子在齐国听到了《韶》乐，有很长时间都尝不出肉的滋味，他说："想不到《韶》乐的美达到了这样的境界。"

【感悟做人】

心能通"乐"，舌能尝味，乐是内心修养的外在表达。

生活中，我们表达自己内心情感的方式有多种多样。但当心情很悲伤或欢喜时，语言的表达却显得苍白而无力，这时音乐就发挥了其无与伦比的作用，它可以将你心中的情感通过韵律淋漓尽致地表达出来。所以，音乐是人内心的写照，是心灵的语言，是一个人志向、思想、情绪、仁德的流露。一个没有爱心、道德浅薄、心胸狭隘的人是写不出好的音乐作品的，他也体悟不到好的音乐作品的内在灵魂。"高山流水遇知音"讲的就是心灵的沟通、思想的共鸣。《论语》中，子谓韶："尽美矣，又尽善也。"谓武："尽美矣，未尽善也。"说的就是《韶》乐所表达的思想不但至善，其表达的形式也至美。孔子博学多闻，精通音乐，他的思想至善至美，自然能欣赏到《韶》乐所表达的内在情感和思想，也可以说"三月不知肉味"是孔子和古圣先王舜通过《韶》进行的思想交流，非孔子不能为，非孔子不能通。同时，也从侧面说明孔子好学不厌、求学精深的态度。

"三月不知肉味"说明孔子学习的时候用心之专、用心之深，对乐理体会之精。这是圣人在告诉世人，学习应该用全部的心思去体悟，来不得一丝一毫、一分一秒的马虎和怠慢，这样才能真正体悟到韶乐的伟大。

19. 子曰："加我数年，五十以学易，可以无大过矣。"

【注释】

加：同"假"，给予的意思。

易：指《周易》。

【译文】

孔子说："再给我几年时间，五十岁学习《易》，就可以没有大的过错了。"

【感悟做人】

活到老、学到老。

孔子自己说"五十而知天命"，可见他把学《易》和"知天命"联系在一起。他主张认真研究《易》，是为了使自己的言行符合于"天命"。《史记·孔子世家》中说，孔子"读《易》，韦编三绝"。他非常喜欢读《周易》，曾把穿竹简的皮条翻断了很多次。这表明孔子活到老、学到老的刻苦钻研精神，值得后人学习。

20. 子所雅言，《诗》、《书》、执礼，皆雅言也。

【注释】

雅言：周王朝的京畿之地在今陕西地区，以陕西语音为标准音的周王朝的官话，在当时被称作"雅言"。孔子平时谈话时用鲁国的方言，但在诵读《诗》、《书》和赞礼时，则以当时陕西语音为准。

【译文】

孔子用雅言，吟诗、读书、执礼时都用雅言。

【感悟做人】

言行要因时因地因人依礼而变。

礼因时而变，用雅言还是方言也是礼的要求，表达的是对别人的敬意。日常生活中，为了让更多人明白谈话的内容，尽量用普通话不要用方言，也是礼，是表达对他人的尊重。不考虑他人的接受程度，这本身就是无礼的表现。

21. 叶公问孔子于子路，子路不对。子曰："女奚不曰，其为人也，发愤忘食，乐以忘忧，不知老之将至云尔。"

【注释】

叶公：姓沈名诸梁，字子高。楚国的大夫，封地在叶城（今河南叶县南），所以叫叶公。

云尔：云，代词，如此的意思。"尔"同"耳"，而已、罢了。

【译文】

叶公向子路问孔子是个什么样的人，子路无法应答。孔子（对子路）说："你为什么不说，他这个人，发愤起来连吃饭都忘吃，快乐得忘记了一切忧愁，不知不觉到了年老，如此而已。"

【感悟做人】

好学勤劳、快乐无忧即是人生通透。

叶公问子路："你的老师是怎样一个人啊？"子路无法应答，是因为孔子的表现变化多端，让学生无法琢磨，更无法表述，显现出孔子道大相多，非子路所能表述完整。孔子自评说"发愤忘食，乐以忘忧，不知老之将至云尔"，这不是谦辞，也不是虚夸，是孔子真实的生活写照。孔子是一个平凡的圣人，他之所以由凡入圣正是其好学不厌、安贫乐道的上进精神所造就的。这一点人人可以做到，但又人人做不到，难就难在孔子乐在其中、我们乐在其外，一里一外，天地之别。"云尔"二字，更是平常中显伟大，自然中显高明。

22. 子曰："我非生而知之者，好古，敏以求之者也。"

【译文】

孔子说："我不是生来就知道，只是好学（古之道），勤奋地去求道的人。"

【感悟做人】

教人成才谓之功，学生称颂谓之名，居仁由义谓之贵，好学勤劳谓之富。

当时人们认为孔子博学多才，庶及圣人，以为其生而知之，天纵将圣，然孔子却说自己非生而知之，只是敏而好学而已。这与"十室之邑，必有忠信如丘者焉，不如丘之好学也"所述一致。《论语》中孔子对自己最多的评价就是"好学"，这绝非谦辞，是圣人的本质，是儒家的命门，更是使人为仁的唯一途径。

"生而知之"本就是一个伪命题，没有谁能"生而知之"，或许有但不能证得。生活中，不知从何时起却能通过各种媒介学习到很多东西，且能触类旁通、举一反三，似乎其生而知之，这样的人是有的。孔子却说自己主要是喜好古圣先贤之道，并从各种典籍中孜孜以求，从不间断，逐渐体大道通，成为大家赞颂的人，其实自己只是好学而已，这也是孔子对弟子们的鼓励。

23. 子曰："三人行，必有我师焉。择其善者而从之，其不善者而改之。"

【注释】

师：学习义。

【译文】

孔子说："三个人同行，其中必有我可以学习的。选择善的品行而学习，择其不善的而自我反省修正。"

【感悟做人】

人人皆为老师，关键是自己心的取向和容量。

这句耳熟能详的话，几乎成为每个中国人生活中的一个标准，虽不能做到但总不会反对。人人皆可为师，见到善的努力学习，见到不善的赶紧自省改正，修养就是一个不断改正错误的过程。"舜闻一善言，见一善行，沛然若决江河。"关键就是要"改"，可这又何其难啊？世人不是不知道善与不善，不是不知道好与不好，不是不知道该做还是不该做，可就是改不掉、做不到，原因何在？这是因为"放不下自己的小聪明和大欲望"。能改的人天天在进步，不愿改的人天天在退步，如夫子所言"性相近也，习相远"。改与不改，全在自己，他人又能如何？

24．子曰："二三子以我为隐乎？吾无隐乎尔。吾无行而不与二三子者，是丘也。"

【注释】

二三子：孔子的学生们。

隐：隐匿不传。弟子心狭，疑孔子有更精深的学问未传教于他们。

【译文】

孔子说："你们以为我对你们有什么隐匿的吗？我没有什么隐匿的。我没有什么不给你们的。我就是这样的人。"

【感悟做人】

做人坦诚忠信，何须隐藏？

做弟子的似乎都有这样的心态，总觉得老师有更好的学问或方法隐藏着，等到最后时刻或选择衣钵传人时单脉传授，这或许是影视剧中武侠片看多了的缘故。孰不知，每个老师都希望把自己的全部学问都传给弟子，怎奈弟子们基础不实、资质不齐、程度不精深，无法接受更高更多的精微之处，只能选择天资聪慧、勤奋好学、基础扎实者传之。岂有隐藏不传的道理，而是想传也传不下去。弟子们需要做的是，按照老师的交代默而识之、学而不厌，人一能之己百之、人十能之己千之，知行合一、学习共参、自验自证、融通大义。若不安其位、舍近求远，怎可成才，怎可悟道。

25. 子以四教：文、行、忠、信。

【注释】

文：文献、古籍等。

行：言行，指理论指导下的实践。

忠：尽己之谓忠。

信：实谓信。实实在在，无任何的虚假和夸大。

【译文】

孔子以文、行、忠、信四项内容教育学生。

【感悟做人】

学习如何做人。

忠信是本，文是忠信的内化提升，行是忠信的外在表现，本就是一，何来四。

"文"代表继承，"行"代表实践，"文、行"代表外在的汲取。"忠"代表对自己、对学问的态度，"信"代表对别人、对文献的态度，"忠、信"代表的是内在的修养。孔子教化学生，言教与身教并用（吾无行而不与二三子者），理论与实践并行，外在与内在同修，最后的目的是希望每个学生都能成为"德"的化身，展现不同的技艺，施政与民，教化百姓，力行大道。

26. 子曰："圣人，吾不得而见之矣！得见君子者，斯

可矣。善人，吾不得而见之矣！得见有恒者，斯可矣。亡而为有，虚而为盈，约而为泰，难乎有恒矣。"

【注释】

斯：就。

恒：指恒心。

约：困约。

泰：安泰。

【译文】

孔子说："圣人，我是看不到了，能看到君子，就可以了。善人，我是看不到了，能看到有恒的人，就可以了。没有假装为有，空虚假装充实，困约假装安泰，这样是难以恒久的。"

【感悟做人】

不要追求当伟人，做一个真实、有恒心的自己就好。

孔子在这里说了四个层次：圣人、君子、善人、有恒者。四个层次层层递进，无法逾越。圣人是德行圆满之人，世间少有，但圣人非天生而来，是君子从持久务实的求学中修来的。孔子说："只要能看到君子，就可以了。"为什么这样说？因为圣人不是人人都能做到，而君子，只要你愿意就可以做到。若君子的标准还是太高，那么做个善人、做个好人总是可以的。毛主席曾说过："一个人做点好事并不难，难的是一辈子做好事，不做坏事。"难就难在将每一个善接续不断地做下去，成为一个真善人，将心永住仁宅不离去，成为一个君子，进而向圣人靠近。

"恒"是世间最简单也最难的事情。万事万物、世间百态，凡有恒者终将成功，无恒者必半途而废。

从《论语》学做人

27. 子曰："盖有不知而作之者，我无是也。多闻，择其善者而从之，多见而识之，知之次也。"

【注释】

作：著。

识：记住。

【译文】

孔子说："可能有什么都不懂却能凭空创造的人，但我不是这样的。（我的学习方式是）多听，选择其中善的来跟从学习；多看，然后记在心里，再弄清楚所记之事，是接下来的事。"

【感悟做人】

不知而作，不通而著，不是胆大就是无知。

这是求学的三种态度。第一种是自己还没有搞明白就凭空臆测、著书立传，孔子说他不是这样的人。孔子说第二种是"多闻，择其善者而从之，多见而识之"。"闻、见"都是求学的主要通道，多闻、多见就是好学不辍。择其善者而从之、识之，就是蓄德之学，敏而行之。"闻一善言，则拳拳服膺而弗失之也。"听到看到好的、善的就马上付诸行动，如海绵吸收，从不排斥。第三种是"知之次也"是说仅仅靠博闻强记，记住很多的生活百科、公式公理、鸟兽鱼虫、文章典籍、诗词歌赋却不能应对世事，完成使命，又有何用？先记下，再通过理解而融会贯通，达到温故知新、触类旁通、举一反三的境界，才可能转化为自己的智慧。

教育求学的真正目的是"立德树人"，无论百工技艺还是文哲曲赋都要为人性的高尚和光明服务，无德的教育会给人类带来无穷的灾难。

28. 互乡难与言，童子见，门人惑。子曰："与其进也，不与其退也，唯何甚？人洁己以进，与其洁也，不保其往也。"

【注释】

互乡：地名，具体所在已无可考。

与：赞许。

进、退：进步、退步。。

洁己：改进自己，努力修养，成为有德之人。

不保其往：保，担保。往，过去。

【译文】

（人们认为）互乡那个地方的人很难与其交流，但互乡的一个童子却受到了孔子的接见，门人很迷惑。孔子说："肯定他的进步，不肯定他的倒退，何必做得太过分呢？人家要求进步，就给他进步，不要死抓住过去不放。"

【感悟做人】

与人为善，肯定进步，不要总抓住过去不放。

本章体现了孔子有教无类的思想。互乡的人很难沟通，这是众人皆知的，可孔子却与一童子言谈交流，学生们很不理解。孔子说："人家想进步就给他求学进步的机会，不要死死抓住人家的过去而不放。"

道听途说和亲自验证结果会差异很大。这一点相信人人都有体会。人人都有追求上进的愿望，有时只是我们自己抱着固有的成见，拒人于千里之外。与人为善，扬人之善，既是肯定别人，也是成全自己。

29. 子与人歌而善，必使反之，而后和之。

【注释】

反：再次，重复。

和：一起，同歌。

【译文】

孔子赞叹别人歌唱得好，一定要请他再唱一遍，然后和他一起唱。

【感悟做人】

只要有心，学习无处不在。

孔子乐以忘忧的生活神情跃然纸上。寥寥数字，微言大义，既描绘了孔子喜好音乐的快乐神态，也显示出孔子好学不辍的精神。无论是谁，同行也好、偶遇也罢，只要有益的就一定不耻下问、谦虚学习，闻善既行，从不耽搁，老师的身教淋漓尽致地被刻画了出来。

30. 子曰："若圣与仁，则吾岂敢？抑为之不厌，诲人不倦，则可谓云尔已矣。"公西华曰："正唯弟子不能学也。"

【注释】

抑："只不过是"的意思。

为之：向圣与仁靠近的"学"，学仁、学圣的求学过程。

云尔：这样说。

【译文】

孔子说："如果说我是圣人或仁者，那我怎么敢当！只不过（向圣人与仁者）学习从没有满足过，教诲别人也从没疲倦过，也就这样吧。"公西华说："这正是我们学不来的。"

【感悟做人】

平淡认真地做好本职工作就是仁者。

"圣与仁"是名，"学不厌，诲不倦"是实，孔子不要名而要实，此乃真圣人。别人都看孔子是圣人，可孔子从没有觉得自己是圣人。别人都觉得颜回很有学问，而颜回却"有若无，实若虚"，从未觉得自己有学问。这才是真圣人的表现。

31. 曾子曰："以能问于不能，以多问于寡，有若无，实若虚；犯而不校。昔者吾友尝从事于斯矣。"

【注释】

校：同"较"，计较。

吾友：颜渊。

【译文】

曾子说："才能高却向才能低的人请教，知道的多却向知道少的人请教。本来有却像没有，本来很充实却像虚空的一样，被人侵犯却不计较，从前我的朋友就是这样做的。"

【感悟做人】

唯知义理之无穷，不见物我之所间。

这是曾子在谈自己对颜子的感受，寥寥数语，圣德难企。从章句中可以看出，此时颜子已经故去多时，曾子大概也上了年纪，谈及颜子时，惋惜和敬佩之情悠然纸上。这是对颜子的感受，也是对颜子的怀念。然而难得的是，颜子本身并没有这样的感受，该怎么做还是怎么做，无所谓高还是低、多还是少、能还是不能、有还是没有、虚还是实，他就像太阳一样，每天周而复始，生养万物，人们用最美的语言赞美它，他根本无所谓你的赞赏或唾弃，依然做着自己应该做的事情。

曾子用几个词的对比就将颜子好学、谦虚的形象展现给我们，让我们反观自省。有若无，实若虚，可见颜子道体之广大。

32．牢曰："子云：'吾不试，故艺'。"

【注释】

牢：孔子弟子。

试：用，被任用。

【译文】

子牢说："夫子说过，'我没被任用，所以学会许多技艺'。"

【感悟做人】

学不学是内，由自己决定；用不用是外，由别人决定。

本章同样说明孔子"非生而知之"者。孔子不认同别人说他是"圣人"，也不承认自己是"生而知之者"的天才，只说自己好学敏求。在别人把空闲的时间用于玩耍时，他都用来学习各种才艺，所以具有了很多的能力。

孔子说，因为自己没有被任职出仕，因此才有时间和精力去学艺，既体现了孔子时时刻刻学习的状态，也说明孔子多才多艺都是通过后天学习获得的。

33．颜渊喟然叹曰："仰之弥高，钻之弥坚，瞻之在前，忽焉在后。夫子循循然善诱人，博我以文，约我以礼，欲罢不能。即竭吾才，如有所立卓尔。虽欲从之，末由也已。"

【注释】

喟：因高明精微而产生的敬畏所发出的感叹。

弥：更加，越发。

钻：深入研究。

瞻：视、看。

忽焉：忽然。

循循然善诱人：循循然，有次序地。诱，劝导，引导。

博：由一点向四周空间无限扩展为博。博不是杂，不是无所不知，博是精深而通透。

约：约束，收敛。约于礼，即依于礼。

欲罢不能：想停也停不下来。

竭：尽。

卓尔：高大、超群的样子。

末由：末，无、没有。由，途径，路径。这里是没有办法、找不到路径的意思。

【译文】

颜渊感叹地说："（老师的道）抬头仰望，越望越觉得高；深入钻研，越钻研越觉得精微难控。刚看见它在前面，忽然又像在后面。老师一步步引导我深入，用文使我广博，使我的言行依礼而行。我想停止学习都不可能，直到用尽我所有才智，它依然十分高大地立在前面，虽然我想要追随上去，却找不到前进的路径了。"

【感悟做人】

博文穷理是修德治学之基本态度。

《中庸》有言，孔子之道"极高明而道中庸，致广大而尽精微"，"上律天时下袭水土"，既在日用平常之间，也在视听言动之中，语默动静皆为有道，生活在天地人伦之内，须臾不离。然世人总在迷昏中随情而动、因境而为，对其中事理不清、心性迷糊。如孔子之圣先觉先明，颜子之才好学敏求，始得其概貌，以觉后人。

如熟读《论语》百千遍，细参义理，躬行实践，则夫子之道尽在《论语》言语之中。时而明白、时而模糊，终身学之则愈精微，平常用之则愈朴实，能安己心，能约己行。无神灵飘忽之虚，有安身立命之实；无偏颇生硬之无情，有中庸持久之温暖；无自私自利之小器，有胸怀天下之担当；无固执狭隘之排外，有灵活宽阔之兼容；祖述尧舜、立极万世、斯道完美、驰骋千年而不朽，乃中华之幸、民族之幸。

夫子之教，善诱善叩。颜子之才，既敏且贤。竭尽吾才，见进不止，始得夫子之道。吾辈愚痴，不敏不贤，世俗缠身，情绪所迁，焉能见其一端？圣贤之道，勤学为径，研习相参，终身不舍，明德修身，自有所成。

34. 子曰："譬如为山，未成一篑，止，吾止也；譬如平地，虽覆一篑，进，吾往也。"

【注释】

篑：土筐。

平：将坑洼处填平，使凹处达到水平，使动用法，使地平。

【译文】

孔子说："譬如用土堆山，只差一筐土就完成了，却停止，是我自己要停的；譬如填平洼地，虽只倒下一筐，有进展，那是我自己要做的。"

【感悟做人】

一念亮一生。

为山一篑亏，平地一篑进。进止一念间，健行是真志。愚公移山，妇孺皆知，知易行难。知之是假知，躬行乃真知，听其言还需观其行，进止终在自己不再别人。成功淡然处之，失败无须怨天尤人。是进是止，是勤是惰，是学是玩，在己不在人，在志不在情，功夫就是坚持不懈、不言放弃。

35. 子曰："语之而不惰者，其回也与！"

【注释】

语之：告诉他。

惰：懈怠。

【译文】

孔子说："告诉他，能丝毫不懈怠的，只有颜回一个人吧！"

【感悟做人】

不惰可称为好学。

老师都喜欢听话的学生。什么叫听话？就是老师说什么，学生就丝毫不打折扣地做什么。孔子也喜欢听话的学生。孔子说什么，颜回就做什么，而且超常发挥。如老师说"这篇文章要读一百遍"，颜回从来不问老师"为什么要读一百遍啊？九十九遍不行吗""不理解，读一百遍有意义吗""这么教书，要老师做什么，我自己会"。颜回没有质疑，只是一味地做下去，细细体会，还会超量阅读、举一反三，结果老师一讲解，颜回收获最大。

颜回的"愚"就"愚"在"信"，凡是老师说的都信，没有丝毫怀疑，没有丝毫的排斥，如禾苗吸收甘露，丝毫不漏，这是其一。其二，听了老师说的就做，躬行实践。其三，在实践中钻研精深、举一反三、触类旁通、自证自悟。

36. 子谓颜渊曰："惜乎！吾见其进也，未见其止也。"

【译文】

孔子对颜渊说："可惜呀！我只见他不断前进，从来没有看见他停止过。"

【感悟做人】

苟日新，日日新，又日新。

颜渊是一个十分勤奋刻苦的人，他在生活方面几乎没有什么要求，而是一心用在学问和道德修养方面，但他不幸早亡。对于颜渊的死，孔子自然十分悲痛，他经常以颜渊为榜样要求其他学生。

"进"就是学而不厌，就是欲罢不能，就是既竭吾才，就是"回虽不敏，请事斯语也"。"止"就是停滞不前，就是"譬如为山，未成一篑，止，吾止也"。《易经》有言"天行健，君子以自强不息"就是要"进，不要止"。为何会止？还是没有志，或者是假志，若有真"志"则自会克服懒惰、摆脱羁绊，恒久不息地向着"志"前进，自然就会"苟日新、日日新、又日新"，就会"好好学习，天天向上"。

37．子曰："苗而不秀者有矣夫；秀而不实者有矣夫！"

【注释】

苗：破土初生谓之苗。

秀：吐穗扬花谓之秀。

实：硕果累累谓之实。

【译文】

孔子说："出了苗而不开花的有，开了花而不结果的有。"

【感悟做人】

生命不息，学习不止。

这是孔子以庄稼的生长、开花到结果来比喻人的一生。有的人如庄稼初长，生机盎然，等到该有所作为时却默默无声、逐渐平庸。有的人少时聪慧超群、年轻时高中科举，但一生下来碌碌无为、毫无成果。如王安石之《伤仲永》文中所述，少年聪慧，不学无以成才。

生活中此种事例比比皆是。上学阶段学习认真、成绩优秀、高考得中，然自入大学后却默默无闻，待到工作时更是一事无成、宛若常人。究其原因，实乃"志"向不大、修德不明、功夫不到，甚为可惜！

38. 子曰："可与共学，未可与适道；可与适道，未可与立；可与立，未可与权。"

【注释】

适道：适，往。这里是志于道、追求道的意思。

立：坚持道而不变。

权：秤锤。这里引申为权衡轻重。

【译文】

孔子说："可以一起学习的人，未必都志于道；能够志于道，未必能够坚守道；能够坚守道的人，坚定立场，未必有临机而变的智慧。"

【感悟做人】

有立方能权，会权是真立。

本章中有四个层次——共学、适道、立、权。共学，就是一起学习，如今日之同学，通过学习明事理、扩眼界；适道，是更高层次的学习，是向着道的方向求学精进；立，如树木生长，根系逐渐发达，基础更加稳固，不再随波逐流、人云亦云；权，是变通，是在"立"的基础上的变通，如树木根系稳定后也要懂得随着外界的风向而变化，不能毫无变通，硬梆梆地立着。

"权"是更高层次的"立"，直来直去、硬梆梆的"立"容易学到、容易办到，但这不是中庸之道。"权"也不是毫无立场、左右摇晃，犹如浮萍，巧言令色，机巧善变。"权"是更高层次的"立"。立是权的基础和前提，权的内涵仍然是立，立是本，权是末。

这四个层次不能乱，有次第关系，必须通过"学"来明"道"，明"道"后才能决定追求"道"，在追求"道"的征途中才能逐渐坚定自己的志向，达到"立"的程度。也只有"立"才能圆融周边、权衡机变、灵活处变。没有"立"而去用"权"是无立场、无原则；有"立"而不"权"，是没真"立"，是偏执。《论语》《孟子》中有许多"权立之辩"的故事，妙趣横生。

第七篇

做人与富贵

【前言】

什么是富贵?

何为富贵？世人大多认为有钱就是富，有权就是贵。准确地说，钱多是财富，不是人富；权高是位贵，不是人贵。有的人有很多财物，但他不是富人，或许更是穷人，穷得只剩钱了，有钱时得意忘形，没钱时失意忘形。他的富只是外在财富的多寡，不是内在身心的强大，何来"富"？有的人官位很高，但他不是贵人，或许更是贱人，贱得只剩权了。有权时飞扬跋扈、仗势欺人，碰见上司巧言令色、阿谀奉承；无权时卑躬屈膝、低声下气、曲意讨好、认贼作父，何来"贵"相？

靠着外在物质地位充起来的是假富贵，一旦撤去外物，则富贵尽失。

说一个人富贵，是因为这种富贵源于其自身，别人也夺不走，他人也拿不去，他的富贵就是他自己的，虽三军不能夺也。

孟子曰："有天爵者，有人爵者。仁义忠信，乐善不倦，此天爵也；公卿大夫，此人爵也。古之人修其天爵，而人爵从之。今之人修其天爵，以要人爵，既得人爵，而弃其天爵，则惑之甚者也，终亦必亡而已矣。"翻译过来就是，孟子说："有天赐的爵位，有人授的爵位。仁义忠信，好善勤劳，这是天赐的爵位；公卿大夫，这是人授的爵位。古代的人修养天赐的爵位，水到渠成地获得人授的爵位。现在的人修养天赐的爵位，其目的就在于得到人授的爵位；一旦得到人授的爵位，便抛弃了天赐的爵位。这可真是糊涂得很啊！最终连人授的爵位也必定会失去。"

每个人天生富贵，是因为每个人都有与生俱来的"仁义忠信"，"仁义忠信"是上天赐给人最尊贵的爵位，把自己天爵修养到光辉灿烂，则高官厚禄自然而来。然而多少世人不要仁义忠信的大富大贵、大正大道，却迷信假富假贵、小富小贵，倾心于投机取巧、阿谀奉承的歪道，只要赚钱当官，什么仁义忠信统统都能抛弃。失去了本，则成无源之水、无本之木，即使有机缘得到了财富和官位，也会因为你失去了仁义忠信而最终失去一切。

既然每个人自身都有"仁义忠信"的天爵，就应珍惜滋养好"仁义忠信"的天赐富贵，让其逐渐扩大，进而应用到自己的学业上、事业上，建立功业，赢得财富和地位，让自己的仁义忠信更为丰富和光辉。仁义忠信是本，功名富贵是末。千万不可本末倒置、舍本逐末。

富贵是人人都想要的，也是人人都喜欢的，但要懂得获取富贵功名的途径、方法和本末。如《大学》言："君子先慎乎德。有德此有人，有人此有土，有土此有财，有财此有用。德者本也，财者末也。外本内末，争民施夺。"君子应该首先注重德行。有德行就能团结人，团结人才会有土地，有土地才会有财富，有财富才能供使用。德行是本，财富是末。如果轻本而重末，那就会与民争利。

用仁义忠信得来的富贵功名是真的，用欺罔谄媚得来的富贵是假的。安好自己的"仁"位，认真修养德行，才是求富贵功名的正道，才是真功名富贵。富贵者自富贵，岂是货财能妆点；贫贱者自贫贱，岂是权贵能遮掩。

【知识点】

1. 孟子曰："有天爵者，有人爵者。仁义忠信，乐善不倦，此天爵也；公卿大夫，此人爵也。古之人修其天爵，而人爵从之。今之人修其天爵，以要人爵，既得人爵，而弃其天爵，则惑之甚者也，终亦必亡而已矣。"

2. 《大学》言："君子先慎乎德。有德此有人，有人此有土，有土此有财，有财此有用。德者本也，财者末也。外本内末，争民施夺。"

3. 每个人天生富贵，是因为每个人都有与生俱来的"仁义忠信"，"仁义忠信"是上天赐给人最尊贵的爵位，把自己的天爵修养到光辉灿烂，是真富贵。财富权高依机遇，依缘分，有之则布泽于民，无之则独善自身，求仁义忠信是求在我者也，求财多权重是求在外者也。

4. 富贵者自富贵，岂是货财能妆点；贫贱者自贫贱，岂是权贵能遮掩。

5. 富贵不知乐业，贫穷难耐凄凉，左也不安，右也不安，是何原因？

【思考】

何为富贵？

如何得来富贵？

如何安处富贵？

如何长久富贵？

【《论语》经典章句赏析】

1．子贡曰：“贫而无谄，富而无骄，何如？”子曰：“可也；未若贫而乐，富而好礼者也。”子贡曰：“《诗》云：‘如切如磋，如琢如磨。’其斯之谓与？”子曰：“赐也，始可与言《诗》已矣，告诸往而知来者。”

【注释】

谄：意为巴结、奉承。

何如：《论语》中的“何如”都可以译为“怎么样”。

乐：根据上下句式推断，应为贫而（好）乐、富而好礼者也。

如切如磋，如琢如磨：此二句见《诗经·卫风·淇澳》。有两种解释：一说切磋琢磨分别指对骨、象牙、玉、石四种不同材料的加工，否则不能成器；一说加工象牙和骨，切了还要磋，加工玉石，琢了还要磨，有精益求精之意。后说为当。

赐：端木赐，子贡名，师者称呼学生直呼其名。

告诸往而知来者：诸，同“之”；往，过去的事情；来，将要到来的事情。

【译文】

子贡说：“贫穷而不谄媚，富有而不骄傲自大，怎么样？”孔子说：“这也算可以了。但是不如虽贫穷却好乐，富裕而又好礼之人。”子贡说：“《诗经》言，‘切了还要磋，琢了还要磨，要精益求精’，就是讲的这个意思吧？”孔子说：“赐呀，你能从我已经讲过的话中领会到我还没有说到的意思，举一反三，我可以同你谈论《诗》了。”

【感悟做人】

除了物质生活的追求，人更应重视精神生活的享受。

在本章中，孔子把生活境界分为两部分。子贡追求物质支配下的不谄不骄，但毕竟还没有超脱对物质的依赖。而孔子所提出的更高一层标准是超越了物质，而直接进入精神层面的享受，这种快乐是孔颜之乐，箪食瓢饮不改其乐。这种乐是道得于心而产生的喜悦，故而孔子希望子贡能更上一层。

安贫乐道、富而好礼是孔子所希望的理想境界，因而他在平时对弟子的教育中就把这样的思想讲授给学生。贫而好乐、富而好礼，社会上无论贫或富都能做到各安其位，便可以保持社会的安定了。孔子对子贡比较满意。在这段对话中可以看出，子贡能独立思考、举一反三，因而得到孔子的赞扬。

2．子曰："富与贵，是人之所欲也，不以其道得之，不处也；贫与贱，是人之所恶也，不以其道，得之不去也。君子去仁，恶乎成名？君子无终食之间违仁，造次必于是，颠沛必于是。"

【注释】

处：安住。

去：离开。

造次：得意、得势。其他版本注释为仓促义。但俗语有"休得造次"之说，造次即得势、得意后任性妄为，根据句式与"颠沛"对应，解释为"得势、得意"更为恰当。

颠沛：穷困流浪。

【译文】

孔子说："富与贵是人人都想要的，不用仁道获得的富贵，不会享受这种富贵；贫与贱是人人都厌恶的，用仁道却得到了贫贱，那就不要离开贫贱。君子如果离开了'仁'，又拿什么来称为'君子'呢？君子不会让自己在一顿饭的时间上背离仁，在得势顺利的时候遵从仁道行事，在失意流离的时候也遵从仁道行事。"

【感悟做人】
只有心处仁道方能安享富贵贫贱。

本章中"贫与贱，是人之所恶也，不以其道得之，不去也"，就是说用仁道的方式，不一定就得到富贵，得到的可能是贫贱；坚持了仁道，却得到了贫贱，这是源于仁道的贫贱，应安然处之，继续遵循仁道前进。

儒学符合每个人的人性需求。如富与贵是人人都想得到的，但儒家说君子要用正道仁道得到富贵，若不义而得来的富贵，君子是不会安享的。君子为了守住仁道，生活可能就会很窘迫，君子就应安于贫贱而不离开，即使在此贫贱中君子也有孔颜之乐。君子追求的是仁，安的是仁，行的是仁，乐的是仁。富贵贫贱只是在求仁、安仁、行仁、乐仁中自然得到的，绝不能为了富、贵、贫、贱、名、闻、利、养而失仁、去仁、违仁、坏仁。

3. 子曰："士志于道，而耻恶衣恶食者，未足与议也。"

【译文】
孔子说："士，立志行道，却以自己穿不好吃不好为耻，这种人是不值得与他谈论道的。"

【感悟做人】
道成肉身即为士，士是道的体现。

士是知识分子，是传道者，是道的化身。士的生活是道的表演。一

个志于道的士，却为衣食住行的好恶而郁郁寡欢，其实就不是一个士。韩愈在《师说》中说："师者，所以传道授业解惑也。"是说师者的第一个职责是传道，或说最高层次的师者就是传道者，传做人做事的人间大道。若一个师者忙碌于职称、纠结于功利、得失于金钱，心中根本没有做人做事的仁道，这还能叫师者吗？道，人人本身具备，但有而不觉、昏暗蒙蔽，有如没有。先觉者，志于道，明其德，启迪后人，此可谓师者。"忧道不忧贫，谋道不谋食"也是此意。

4. 子曰："君子怀德，小人怀土；君子怀刑，小人怀惠。"

【注释】

怀：怀揣，念念不忘。

土：财。《大学》："有德此有人，有人此有土，有土此有财，有财此有用。"土地在古代就是最贵重的财物，此处引申为"财"。

刑：规矩，模范，榜样。

惠：好处。

【译文】

孔子说："君子心怀道德，小人心怀财利；君子心怀规矩，小人心怀好处。"

【感悟做人】

心安何处是判断君子和小人的根本依据。

此章中，君子和小人是从德言。君子心向内，关注的是自己的德行修养；小人心向外，关注的是自己的利益得失。君子心里处处循规蹈矩，安仁守礼；小人心里时时旁门左道，唯利是图。一个人，心安仁时，这个人就是君子，心安利时就是小人。在日常生活工作中，我们应时刻关注自身心灵深处的念头，不要眼睛向外总是去看别人是不是小人、别人是不是君子，这样就舍本逐末了，不是儒家修身之道。

5. 子曰："君子喻于义，小人喻于利。"

【注释】

喻：晓。

【译文】

孔子说："君子明白大义，小人只知道小利。"

【感悟做人】

依义者德厚，依利者德薄。

孔子认为，义是第一位的，利是第二位的，因义生利，义本利末，利要服从义，要重义轻利。儒家不是只空谈仁义对利视而不见，而是在利面前一定要思考得利的方法和途径是不是符合义。见利思义、先事后得、先难后获、义以为利等等观点都是义利之辨，人们不能只让眼睛看到利而忘了心中的义。君子是心安于仁，用心指挥眼耳舌鼻身，不是用眼耳舌鼻身指挥心；小人反之，心无处可安，心被眼耳舌鼻身牵着走，只见利而不见义，最后被利所害。

6. 子曰："臧文仲居蔡，山节藻棁，何如其知也！"

【注释】

臧文仲：姓臧孙名辰，"文"是他的谥号。

居：藏。

蔡：国君用以占卜的大龟。蔡这个地方产龟，所以把大龟叫作蔡。

山节藻棁：节，柱上的斗拱。棁，房梁上的短柱。斗拱上刻有山形，短柱上绘以水草。这是古时装饰天子宗庙的做法。

【译文】

孔子说："臧文仲供养了一只大龟，供养龟的屋子雕梁画栋（斗拱上雕有山形，短柱画有水草），装饰得跟天子宗庙一样，他怎么能算是有智慧呢？"

【感悟做人】

不信自己却信龟，是智慧？

　　臧文仲在当时被人们称为"智者"，但他对礼并不在意。他不顾周礼的规定，竟然修建了供养龟的大屋子，把养龟的屋子装饰成天子宗庙的式样，这在孔子看来就是"越礼"之举了。所以，孔子指责他"不仁""不智"。那怎样做才算是有智慧呢？孔子说"择不处仁，焉得知"，心不选择安处在仁里，怎么算有智慧呢？臧文仲，心不安仁由义，心放在敬奉大龟上，把大龟视若神灵，想通过神龟的庇护而得到福报，这怎么能算作有智慧呢？孔子教育子路时也说起过："未能事人焉能事鬼，未知生焉知死。"做好自己当下该做的事情，依礼行事、素位而行自然就会有应得之结果；僭礼而侍奉鬼神，目的仍为私利而来，鬼神若真有灵，也不会享用违礼的祭祀和谄媚。

　　7．子华使于齐，冉子为其母请粟。子曰："与之釜。"请益。曰："与之庾。"冉子与之粟五秉。子曰："赤之适齐也，乘肥马，衣轻裘。吾闻之也：君子周急不济富。"原思为之宰，与之粟九百，辞。子曰："毋，以与尔邻里乡党乎！"

【注释】

　　子华：姓公西名赤，字子华，孔子的学生，比孔子小42岁。

　　冉子：冉子即冉求，多才多艺，以政事见称，尤擅长理财，曾担任过季氏宰臣，列孔门十哲之一。

　　原思，姓原名宪，字子思，鲁国人，孔子的学生。孔子在鲁国任大司寇的时候，原思曾做他家的总管。

　　粟：古文中粟与米连用时，粟指带壳的谷粒，去壳后叫作米；

粟单用时指米。

釜：古代计量单位，一釜约等于六斗四升。

庾：古代计量单位，一庾等于二斗四升。

秉：古代计量单位，一秉合十六斛（一斛本为十斗，后来改为五斗）。

周：周济、救济，补其不足。

【译文】

子华出使齐国，冉求替他的母亲向孔子请求补助一些谷米。孔子说："给老人家一釜。"冉求请求再增加一些。孔子说："再增加一庾。"冉求却给了五秉。孔子说："公西赤到齐国去，乘坐着肥马驾的车子，穿着又暖和又轻便的皮袍。我听说过，君子只是周济急需救济的人，而不是周济富有的人。"

【感悟做人】

救急不济富。

本章是孔子在帮助他人问题上所持的观点，孔子提出了一个非常重要的原则，即"君子周急不济富"，用现在的话说就是宁可"雪中送炭"而不要"锦上添花"。在孔子看来，帮助人要在别人有急难的时候帮助，以解其燃眉之急。世人往往因情而处理世事，不依理而行，自己本来有住房，只是稍显拥挤，为了买大房子就向亲朋好友到处伸手借钱，给别人造成压力。亲朋好友很为难，对方张口借钱，不借吧是小气，借吧自己省吃俭用都不宽裕，却要支援别人住大房子。生活中这样的事情时有发生，我们应该有"周急不济富"的原则：若发生救命救困的急事，尽力帮忙，义不容辞；若是为了开好车、住好房等借钱就无须慷慨救济了。要学会雪中送炭，而不是无原则地"帮人"。

公西赤，做大官，骑大马，穿皮衣，极尽奢华，孝顺父母，不会在物质上有欠缺。冉求却向孔子申请用"公款"救济公西赤的母亲，孔子答应给一釜，一则给冉求面子，二则给予些许帮助。冉求自认为不够，

提出申请希望多增加一些，孔子决定再增加一庾。孔子的答复没有达到冉求的心理预期，他擅自做主，给了五秉，相当于孔子最初标准的25倍左右。孔子听到这个事情后，就给冉求讲了自己的想法，其目的仍然是以老师的身份教育冉求，不可以如此做事。

原思做孔子家宰时应该得到"九百"的薪水，他却推辞不要，孔子劝其不要推辞，用不完的可以拿去救济那些困难的乡亲。这句是说该自己得的就不要谦虚推辞了，若你过分推辞、无私奉献，那么就会让很多想通过赚取薪水而从事工作的人停止不前，不利于工作开展。总之，不该自己拿的不要去争取，该自己获得的也不要谦虚礼让，一切都"素位而行"就是依道而行。孔子之学问是为人之学问，朴实而合乎人性，极高明而道中庸，极广大而尽精微，实乃真学问。

8. 子曰："贤哉回也，一箪食，一瓢饮，在陋巷，人不堪其忧，回也不改其乐。贤哉回也。"

【注释】

箪：古代盛饭用的竹器。

瓢：以瓠为之，盛水。

巷：此处指颜回的住处。

乐：乐于学。

【译文】

孔子说："颜回是如此的贤良啊！一碗一瓢，居住陋巷，别人无法承受他这样的生活而忧愁，他却自感其乐。贤良啊！颜回。"

【感悟做人】

乐者无处不乐，不乐者无处可乐？

世人的快乐多源于外在物质刺激，有外在物质就乐，无外在物质就不乐，乐源于外而非内。给自己买了一件新衣服，住了大房子，买了新车子，这种快乐源于外物刺激，不长久。如《渔夫和金鱼的故事》中的老婆婆，她贪欲膨胀，不知满足，稍微有一点物质财富就容易展现给别人，有显摆、傲慢、求人夸赞之心。颜回的快乐源于内在品德的精进，是内心至善之乐，是内心的明德之乐，是在求道中的真实体悟，是对人性真实的感悟，是如汩汩泉水而不绝息的欢喜。这种欢喜不为外物所困，不为环境所迁，因此颜回处困境也快乐，处富贵也快乐，是真乐，是真学问，而非文凭、职称所能衡量。当下有些人的学习只是技能的学习、知识的积累，虽富可敌国、衣食无忧，然心中的欲望、烦恼、苦闷似乎有增无减，左也不安，右也不安，其人生都在追名逐利中度过，实乃舍本逐末。

9. 子曰："富而可求也；虽执鞭之士，吾亦为之。如不可求，从吾所好。"

【注释】

富：财多者谓之富。

求：以道求之。

执鞭之士：古代为天子、诸侯和官员出入时手执皮鞭开路的人，指地位低下的职事。

【译文】

孔子说："假如富贵是可求的（符合于正义的富贵），虽是执鞭的差事，我也去做。假如富贵不可求（富贵不合乎道），还是做我喜欢做的吧。"

【感悟做人】

在乎富贵，何必计较卑贱。在乎仁德，富贵又奈何。

"富与贵是人之所欲也，不以其道得之，不处也。贫与贱是人之所恶也，不以其道得之，不去也。"从人生之舒适上说，富贵是人人所希

望得到的，贫贱是人人所厌恶的，但孔子告诉我们，获取富、贵、贫、贱是有前提的。要行正道、行大道，不能走旁门左道。儒家入世学说，不反对富贵，不反对吃荤，也不反对人的正常欲望，但主张这一切要合于道，不能为攫取富贵而背道而行。富、贵、贫、贱只是在求道的过程中自然而然得到的结果，有时富贵，有时贫贱，决定于机缘、环境和外力，但不能因为没有得到富贵或得到了贫贱而怨天尤人，要问问自己心中到底想要的是什么。

10．子曰："饭疏食饮水，曲肱而枕之，乐亦在其中矣。不义而富且贵，于我如浮云。"

【注释】

饭疏食：饭，"吃"义，做动词。疏食，即粗粮。

曲肱：肱，胳膊。曲肱，弯着胳膊。

【译文】

孔子说："吃粗粮，喝清水，弯着胳膊当枕头，快乐也在这当中。用不正当的手段得来的富贵，对我就像天上的浮云一样。"

【感悟做人】

内心坦然比穿着华贵更让人幸福。

这是孔子的自我描述，也是幸福的真谛。受其影响，古代有很多读书人生活清贫却心怀天下，对此观点高度认同。不为五斗米折腰，这是知识分子的志气和气节。

孔子不是不喜欢、不向往富贵的生活，但他说要用正当的方式去得到富贵，也要用正当的方式去享受富贵。假如是用不正当手段得到的富贵，他宁可不要，这种富贵靠不住，如天上的浮云时有时无。孔子的快乐是追求人性的至善、明德的光明，是内在仁德精进的欢喜，非外在物质的多寡。孔子的快乐寄情于自然，融于本性，是真善美的情怀，是人人都能体会到的真性情。静下心来，人人都知道幸福是什么，只是人人都容易被其他世俗的观点所牵引，迷失在寻找幸福的怪圈中。

第八篇

做人与礼乐

【前言】

什么是礼乐?

握手、点头、鞠躬、让座是不是"礼"呢？是仪，不一定是礼。仪是外在的言行，而无内心的恭敬。礼是内心的"敬"加上外在的"仪"合二为一的整体，是敬的表达，是由内而外的展示，不是仅有外在而无内心的动作规范。

中华文化中的"礼"，不是礼貌，更不是握手或鞠躬，不是英文中的politeness（礼貌）、rite（仪式）。实际上，在英文中找不到准确的单词来解释"礼"。

那么，礼到底是什么？

儒家圣贤认为：人之所以为人，是因为人性中有"仁义礼智"的仁性。这是人的天命之性，与生俱来，人人本性具足。但各人因种族不同、父母不同，便有了人种、肤色、资质、身高、长相、体貌等差异。

这是人的第二性，即气质之性。人出生后，所处的地区不同、家庭不同、语言不同、文化不同、教育不同，便有了方言、行为特点、价值观点、思想意识、行为习惯的差异。这便是人的第三个性，即习性。这也就是孔子所说"性相近，习相远"。"仁义礼智"的天命之性是相近的，是本性具足的，但人的气质之性和习性却相去甚远。孟子所说的人性本善，其立足点是"仁义礼智"的天命之性。

世人基本都按照气质之性和习性成长、生活和工作，直到生老病死，从未想起过、培养过、涵养过自己身体中最可贵、最重要的天命之性。天长日久，日晒雨淋，习气所蔽，渐渐地，人的天命之性越来越羸弱，以至于人们看不到自己的"仁义礼智"，只是偶尔在亲人身上、突发事件中表现出来，让我们为之感动。而圣人之所以为圣人，是因为他们一生的学习、生活、工作都是为了涵养其"仁义礼智"的天命之性，进而又用天命之性指导、统摄自己的言行、生活及工作，相互滋养，茁壮成长。他们的身心广大而厚重，高明而精微，圆融而周变，逐渐扩大到家庭（齐家）、国家（治国）、天下（平天下）。

人的言行、事功、容貌都是天命之性的真实表达，英华外显。圣人根据每个人天命之性的本质制定了"礼"，制定了"乐"，让人们在生活中、工作中、学习中去体悟、修正、涵养自己的天命之性，从而回归人之所以为人的本质。

综上而言，礼乐是内在道德的自然外显，礼乐是自我身心的自由舒展。礼乐不是约束仁性（天命之性）的，反而是涵养仁性（天命之性）的。礼乐是约束气质之性的，更是帮助仁性（仁义礼智）养成的。

因无法向更多的人解释和阐述清楚天命之性、气质之性和习性等问题，圣人便因循自己对天命之性的觉醒，制定了世人易于学习和模仿的言行规范。由于人性相近、天命本通，故而礼乐便由个人自身的修养扩展为人与人之间交往的规范，再扩展为工作、为政、庆典、人与自然和谐相处的各类礼仪典章，这就是"礼仪三百、威仪三千"，这就是"礼者，履也"，这就是"礼者，政之舆也，人之干也"。

《礼记·曲礼上》："夫礼者，所以定亲疏、决嫌疑、别同异、明是非也。礼，不妄说人，不辞费。礼，不逾节，不侵侮，不好狎。修身践言，谓之善行。行修言道，礼之质也。礼，闻取于人，不闻取人。礼，闻来学，不闻往教。……道德仁义，非礼不成；教训正俗，非礼不备；分争辨讼，非礼不决；君臣上下，父子兄弟，非礼不定；宦学事师，非礼不亲；班朝治军，莅官行法，非礼威严不行；祷祠祭祀，供给鬼神，非礼不诚不庄。是以君子恭敬、撙节、退让以明礼。鹦鹉能言，不离飞鸟；猩猩能言，不离禽兽。今人而无礼，虽能言，不亦禽兽之心乎？夫唯禽兽无礼，故父子聚麀。是故圣人作，为礼以教人，使人以有礼，知自别于禽兽。"

礼本于人性，扩至天下，因此礼更是一个民族是否文明开化的表现。中华自古就有"礼仪之邦"的美称，是因为中华文化本就是"礼"的文化，它涵养教育了彬彬有礼的中华民族。国学大师钱宾四先生说："中国文化之心就是礼。"

一个中国人，从出生到死亡，都浸润在"礼"的环境中。百日礼、抓周礼、入学礼、释菜礼、冠礼、笄礼、婚礼、寿礼、丧礼、祭礼……不是参加别人的礼，就是参加自己的礼，坐卧行走、待人接物，生活无处不是礼，在不知不觉中使每个人都成长为彬彬有礼的君子。失去了"礼"，如何教化人？失去了礼，如何做人？失去了礼，如何做事？失去了礼，做人做事又为了什么呢？

总之，礼本于自然，本于人性，是天命之性、仁义礼智的自然外显；礼是身心的舒展，是人与人、人与事、人与社会、人与国家、人与自然的和谐相处之道；礼是教化人做人、教育人做事的标准和途径，是一个国家文明开化程度的外显，是本民族区别于其他民族的根本文化属性。礼者，圣哉！大哉！

【知识点】

1. 礼是内心的"敬"加上外在的"仪"合二为一的整体，是敬的表达，是由内而外的展示，不是仅有外在而无内心的动作规范。

2. 礼本于自然，本于人性，是天命之性、仁义礼智的自然外显；礼是身心的舒展，是人与人、人与事、人与社会、人与国家、人与自然的和谐相处之道；礼是教化做人、教育人做事、立德树人的标准和途径，是一个国家文明开化程度的外显，是本民族区别于其他民族的根本文化属性。

【思考】

1. 生活中你所知道的"礼"有哪些？

2. "礼"到底是什么？

3. "礼"的作用是什么？

【《论语》经典章句赏析】

1. 有子曰："礼之用，和为贵。先王之道，斯为美；小大由之。有所不行，知和而和，不以礼节之，亦不可行也。"

【注释】

礼：礼源于祭祀，后发展为符合道德准则的行为规范，是内心仁德的真实流露和行为外显。如《礼记·曲礼》有"道德仁义，非礼不成"。

和：和谐、平和、各安其位为和。

贵：主要。

用：用途、效用。

节：限制。

【译文】

有子说："礼的主要功效就是调和人与人之间、人与内心之间的和谐。古圣先王教化治理天下时以礼治为最精妙的方式方法。无论大事小情都依礼而行。有所不能行处，知道为'和'而'和'，没有礼是无法实现的。"

【感悟做人】

人有礼就如鼠有皮、鸟有羽，人若无礼，非人也。

本章是说礼在治国安邦、修身齐家中的作用。礼本于人心之自然真情，是和顺人心的，因此以合于人心的礼来治国为政，必人人自然接受，教化无声。若强设一礼而为和而和，则必不行也必不和。礼是人性情的中道表达，表达不足也不美，表达太过也不美。礼是发而皆中节谓之和，这是中庸之道。礼之本是仁，礼之末是视听言动。礼是对视听言动合乎中道的节制，更是各安其位、素位而行的规定。越过其位，越过其情，都是非礼。因此，要让礼能中正地表达，关键还是正心诚意、格物致知。

2. 子张问："十世可知也？"子曰："殷因于夏礼，所损益，可知也；周因于殷礼，所损益，可知也。其或继周者，虽百世，可知也。"

【注释】

世：古时称三十年为一世。

殷：殷朝，又叫商朝。

因：因袭，沿用、继承。

夏：夏朝。

损益：减少和增加，即优化、变动之义。

周：周朝，指西周。

【译文】

子张问孔子："往后十世的事可以知道吗？"孔子说："商朝继承夏礼，所减少和所增加的内容是可以知道的；周朝又继承商礼，所废除的和所增加的内容也是可以知道的。那么继承周朝的某个朝代，即使在百世后，也是可以依此类推而知道的。"

【感悟做人】

要与时俱进，不可墨守成规。

孔子看事物总是穿越时空而抓住根本，世人多注重表面而忽视内在。孔子告诉子张，世事的流逝总有"变"和"不变"，朝代可以更替，时间可以流逝，但一些天理伦常不会因为时间、朝代的流逝而发生变化。比如人伦关系，只要有人类就一定有父子，就一定有夫妻，就一定有朋友。只要人类要生存就一定有仁义礼智信，这些都是亘古不变的，因此朝代虽然在更替，但礼的内涵是不变的，因为礼是天地之序、人伦之序，怎能变呢？变也仅仅是其表象在变化，礼之本不变，礼之末会变。礼之本是仁，礼之末是文章、典籍、制度、进退周旋。

3. 子曰：非其鬼而祭之，谄也。见义不为，无勇也。

【注释】

鬼：人死为鬼。

谄：谄媚。

义：宜也，依仁性该做之事、之法。

【译文】

孔子说："不是你应当祭的鬼而祭，是心存谄媚。该你做而不去做是无勇。"

【感悟做人】

做该做的事，不要操心鬼神精怪。

孔子说，人祭祀鬼神，各有各的名分。天子祭祀天地，诸侯祭祀山川，大夫祭祀五祀（金、木、水、火、土五官之神），庶人祭祀祖先，都是依位而行，尽本位上的名分，是正当的事情。如果祭祀不应当祭祀的鬼神，那就是越位、非礼。谄媚鬼神，是为廉价求利，不合乎礼，所以说是谄。应该你做的事，就尽力去做，这就是勇。如果看见应该做的事情而推诿退缩、不毅然前往，是萎靡不振、怯懦的表现，叫无勇。这两者，一个是不应该做的非要去做，一个是应该做的而不去做。孔子把两者并举是要世人明白，不要被鬼神这样难知难懂的事情迷惑，而要立足本位，用心从人道上下功夫。如子路问死，子曰："未知生，焉知死？"做好当下本位的事情，尽好人道之事，就是最大的为政，不要舍近取远。做人、为政很简单，该做的事情一定去做，不该做的事情坚决不做。

4．子曰："人而不仁，如礼何？人而不仁，如乐何？"

【译文】

孔子说："人若无仁心，要礼做什么？人若没有仁心，要乐做什么？"

【感悟做人】

礼是恭敬心的体现，不是动作的规范。

礼乐是仁心的流露和表现。若内无仁心，徒有外表的礼乐，岂不是道貌岸然、假仁假义？仁是每个人人性中善良、正义、高尚的那一面，本于人心，是人心的本来属性。你对别人用真情实意的仁心，这种仁心通过礼乐表达给对方，让对方感受到，对方也会用他的真情实意的仁心，通过礼乐回馈给你。因此，仁是人心之真、善、美。

礼是内心的敬和外在的仪合二为一的。只有内心的敬而无外在的仪，有内而无外，无法感知内心的敬；若没有内心的敬却只有外在的仪，则虚有其表，假仁假义，别人也能体会得到。生活中有这样的人，各类握手鞠躬、洒扫进退、周旋礼让都做得很到位、很标准，但其内心却没有"敬"意，这样的动作只能称谓"仪"，是仪态很美，不能说其很有"礼"。礼是内心的表达，是内心的流露，要内外一致、表里如一。

游氏曰："人而不仁，则人心亡矣，其如礼乐何哉？言虽欲用之，而礼乐不为之用也。"程子曰："仁者天下之正理。失正理，则无序而不和。"李氏曰："礼乐待人而后行，苟非其人，则虽玉帛交错，钟鼓铿锵，亦将如之何哉？"如果"人而不仁"，用"礼乐"来包装自己又有什么用呢？狼披上羊皮永远还是狼，而且比狼更猥琐和恐怖。

5．子曰：“君子无所争。必也射乎！揖让而升，下，而饮。其争也君子。”

【注释】

射：射礼。射礼分大射、宾射、燕射和乡射。射以养德而非争力。

揖：行揖礼，表示尊敬。

【译文】

孔子说：“君子没有什么可与别人争的事情。如果有的话，那就是射礼了。行射礼时，先揖礼互让，再上台。射完后，又相互揖礼再下台，举杯对饮。这就是君子之争。”

【感悟做人】

友谊第一，比赛第二。君子之争是依礼而争。

古人的射礼也是为了养德，而不是争力。争也是和自己争而不是和别人争。《中庸》子曰：“射有似乎君子，失诸正鹄，反求诸其身。”射礼中有争，但君子要按礼而行，彬彬有礼，不能逞血气之勇、蛮横无道。这反映了儒家思想的一个重要特点，即强调谦逊礼让，鄙视无礼的、不公正的竞争，这是十分可取的。

现代社会的竞技运动和古代的射礼有相同之处，都是为了提高人民的身体素质。现代运动会除了倡导“更高、更强、更快”之外，还倡导“更团结”，也倡导拼搏、奋进、坚持的内在精神。射礼是古代的“运动会”，儒家把“运动会”变成了一个涵养德行、学习礼让的平台，体现的是友谊第一、比赛第二的精神。相比较而言，现代运动会应该更多注入一些礼让的元素，让运动会成为涵养运动员德行修养的平台，让运动真正成为德行、健康的载体。

6. 子夏问曰："'巧笑倩兮，美目盼兮，素以为绚兮'。何谓也？"子曰："绘事后素。"曰："礼后乎？"子曰："起予者商也！始可与《言诗》已矣。"

【注释】

巧笑倩兮，美目盼兮：见《诗经·卫风·硕人》篇。

倩：笑靥美好的样子。

兮：语助词。

盼：目之黑白分明。

绚：光华灿烂，仪态炫丽。

绘：画。

素：白色，天然未经加工之色。

起予者商也：起，启发。予，我，孔子自指。商，卜商。

【译文】

子夏问孔子："古诗云'巧笑倩兮（一笑百媚）、美目盼兮（回眸倾城），纯天然就是最绚烂的'。应该怎么解释呢？"孔子说："有天然的美质配上相应的绘饰才是最美的（绘饰的后面是天然的美质）。"子夏又问："是不是说礼也是后起的事呢？（仁=素，礼=绘，礼是表达内心的仁）"孔子说："启发我的是商啊，现在我可以同你讨论《诗经》了。"

【感悟做人】

只重视颜值高低，不重视自身修养，只是美人而非真人。

本章比较难理解，子夏表达的意思是："天生丽质、出水芙蓉般不加雕饰的这种天然的美是不是最美的呢？"就如同有人说最天然的才是最美的。例如，有一个天生丽质的美人，倾国倾城，肤如凝脂，笑靥如花，是不是最美的呢？孔子却告诉子夏：不然，假如这个美人没有受到良好的教育，不知书达礼、出言粗俗、不讲卫生，光有天生漂亮的外表，请问这美吗？美，必须经过后天的渲染和教育，有与其天生美质相配合的礼容仪表、端庄气质。

子夏通过孔子的点拨，立刻就明白了原来"礼"是人内心"仁"的表达，光有内心"仁"的美质是不够的，还需要通过"礼"来表达这种天生的仁性，所以礼之后还有仁。

孔子听到这里，感慨子夏已经对《诗经》融会贯通了，说此知彼、举一反三、思无邪，因此说可以和子夏讨论《诗经》了。

此章中师生的对话巧妙精准，信息传递如神韵游驰，真是"心有灵犀一点通"，若不仔细体悟，很难体会这种温情的师生情和教学相长的精进。美哉！妙哉！

7．子曰："夏礼，吾能言之，杞不足征也；殷礼，吾能言之，宋不足征也。文献不足故也。足，则吾能征之矣。"

【注释】

杞：春秋时国名，是夏禹的后裔。在今河南杞县一带。

征：证明。

宋：春秋时国名，是商汤的后裔，在今河南商丘一带。

文献：文，指历史典籍；献，指贤人。

【译文】

孔子说："夏朝的礼，我能说出来，（但是它的后代）杞国保留下来的史料很少，不足以证明我的话；殷朝的礼，我能说出来，（但它的后代）宋国保留下来的史料很少，不足以证明我的话。这都是由于文字资料和熟悉夏礼、殷礼的人不足的缘故。如果足够的话，我就可以引来作证了。"

【感悟做人】

礼，时为大。行礼时内心的恭敬千年不变，变化的只是表达的形式。

这一段话表明两个问题。首先，孔子对夏商周代的礼仪制度等非常熟悉，他希望人们都能恪守礼的规范，可惜当时僭礼的人实在太多了。其次，他认为对夏商周之礼的说明，要靠足够的历史典籍、贤人来证明，也反映了他对知识的求实态度，是孔子"好古，敏以求之"的例证。同时告诉人们，要重视文化的传承和保存，要有兴灭国、继绝世的胸怀和担当，切不可有历史虚无主义和历史无用主义的观念，抱有这种观点只是妄自尊大。

8．子入太庙，每事问。或曰："孰谓鄹人之子知礼乎？入太庙，每事问。"子闻之，曰："是礼也。"

【注释】

太庙：君主的祖庙。鲁国太庙，即周公旦的庙，供鲁国祭祀周公。

鄹：春秋时鲁国地名，又写作"郰"，在今山东曲阜附近。"鄹人之子"指孔子。

【译文】

孔子进入太庙，每件事都要问。有人说："谁说孔子懂得礼呀，他到了太庙里，什么事都要问别人。"孔子听到此话后说："这就是礼呀！"

【感悟做人】

真诚做人。

孔子对周礼十分熟悉。他来到祭祀周公的太庙里却每件事都要问别

人。所以，有人就对他是否真的懂礼表示怀疑。本章显现出孔子极婉转而却刚毅的劝谏。孔子熟悉周礼，非常人所能比，只是看到如此多僭礼的场面而故意问"是这样吗？""真是如此做的吗？"，以示抗议。孰料无知之人竟然说这是孔子不知礼。生活中这般自作聪明、自以为是的人大有人在，何止一个"或"呢？

另外，或许孔子对个别的环节真不知晓，他谦虚好学、不耻于问，这也是好学的体现，也是礼的真精神——"诚"。

9. 子贡欲去告朔之饩羊。子曰："赐也！尔爱其羊，我爱其礼。"

【注释】

告朔：朔，农历每月初一为朔日。告朔，古代制度，天子每年秋冬之际，把第二年的历书颁发给诸侯，告知每个月的初一日。

饩（xì）羊：祭祀用的羊，生而未熟。古人祭祀用牲，养曰牢，如牛羊豕为太牢，羊豕为少牢。烹而熟之曰飨，杀而未烹曰饩。

爱：爱惜的意思。

【译文】

子贡想去掉每月初一日告朔中用的活羊。孔子说："赐啊，你爱惜那只羊，我却爱惜那种礼。"

【感悟做人】

无内容的形式是形式主义，但无形式的内容则是虚无主义。

按照周礼的规定，周天子每年秋冬之际就把第二年的历书颁给诸侯，诸侯把历书放在祖庙里，并按照历书规定每月初一来到祖庙，杀一只活羊祭庙，翻看历书，施政于民，表示每月听政的开始。当时，鲁国君主已不亲自去"告朔"，"告朔"已经成为形式。

本章言礼，有文有质。文质本为一体，文胜质则史，质胜文则野，质也需要文作为载体。如中华文化中的各种节日，春节、中秋、端午等都需要通过拜年、贴春联、吃月饼、粽子等作为载体来表达内心的团圆、思念、祝福。一旦表达内容的载体逐渐取消，则春节、中秋等也随之消失，荡然无存。形式和内容缺一不可，没有形式内容就无法展示，光有形式则没有生命力，徒有其表。对于中国传统节日、各种礼俗，还是要在继承中发展，在创新中转化，切不可只是简单地用"减法"去除。去除多了，传统文化和节日也就没有了，皮之不存，毛将焉附？

孔子看重的是饩羊身上所承载的"礼"，去了这个羊则此礼也随之而去。孔子不是不爱惜羊，只是礼更为重要，不能本末颠倒、轻重错位、舍本逐末。

10. 子谓《韶》，"尽美矣，又尽善也"。谓《武》，"尽美矣，未尽善也"。

【注释】

韶：相传是古代歌颂虞舜的一种乐舞。

美：指乐曲的音调、舞蹈的形式而言。

善：指乐舞的思想内容而言。

武：相传是歌颂周武王的一种乐舞。

【译文】

孔子讲到《韶》时说："不但形式很美，思想也很善。"谈到《武》说："形式很美，思想的善却不够。"

【感悟做人】

艺术是对真善美的表达。

孔子在这里谈到对艺术的评价问题。他很重视艺术的形式美，更注重艺术的内在善。这是圣人的指点，后人必须铭记。圣人认为，无论歌

曲、舞蹈、绘画、音乐等一切艺术作品都要以"尽善尽美"为最高的标准，不能只追求形式上的美而无思想上的善。

当下有些艺术作品只是为了娱乐，为了追求感官的刺激，甚至用低俗的形式赢得观众的尖叫，只重视形式的稀奇古怪和怪诞，内容上充斥色情、暴力、恐怖、豪华，在潜意识中影响人们的价值取向，对社会风气起到了消极的作用。也有一些艺术家披着"艺术"的外衣，肆意妄为，动辄说别人不懂艺术、不懂欣赏，实则是自身低俗无趣的表演，这些都应引起人们和有关部门的重视。让我们的艺术作品以"尽善尽美"来衡量，让艺术为教化人的德行而服务。艺术之本是善、末是美，善是内、美是外。美是内在善的自然而发，没有内在的善只有外在的美，就只是视觉的刺激而没有内心的感化。艺术若既没有善也没有美，便是垃圾，应该清除。

11. 子曰："质胜文则野，文胜质则史。文质彬彬，然后君子。"

【注释】

质：朴实、自然，无修饰的。

文：文采，经过修饰的。

野：此处指粗鲁、鄙野，缺乏文。

史：言词华丽，这里有虚伪、浮夸的意思。

彬彬：指文与质的配合很恰当。

【译文】

孔子说："质多于文，则显得没教化，流于粗野；文多于质，就显得矫作、不真实。只有质和文恰如其分、配合得当，才是个君子。"

【感悟做人】

内在真诚，外在有力，文质彬彬才是君子。

　　文质是一理两端，表现在生活的方方面面。掌握文质的思想并灵活应用，对自己的生活、交友、修身都能起到显著的效果。如有的人写文章言辞华丽、语言精巧，却没有好的思想，这是"文胜质则史"的表现，不是好文章。而有的文章思想深刻、哲理通透，却在文辞表达上过于粗略，是"质胜文"的欠缺，也不是好文章。有的人每天重视的是自己的穿着化妆，却不重视道德修养，出言粗俗，这是文胜质；而有的人修养高尚、出言雅致，但穿着打扮太过简单、不修边幅，这又太过质胜文了。如何恰当地处理好这个关系呢？还是一个字"学"。只有学明白了理，才能应付自如、表里如一、文质彬彬。

　　夫子的文质彬彬之道，实则中庸之道，就是和顺积中而英华发外。若在文质中选其一的话，孔子一定选"质"而不选"文"。这从"礼，与其奢也，宁俭"可以得出。质胜文虽然野，但质尚存。文胜质虽然史，质却失，舍本而逐末是真失。

　　12. 陈司败问昭公知礼乎，孔子曰："知礼。"孔子退，揖巫马期而进之，曰："吾闻君子不党，君子亦党乎？君取于吴，为同姓，谓之吴孟子。君而知礼，孰不知礼？"巫马期以告。子曰："丘也幸，苟有过，人必知之。"

【注释】

陈司败：陈国主管司法的官。

昭公：鲁国的君主，名裯。"昭"是谥号。

揖：作揖，行拱手礼。

巫马期：姓巫马，名施，字子期，孔子的学生，比孔子小30岁。

党：同伙人，引申为偏袒、包庇的意思。

取：同"娶"。

为同姓：鲁国和吴国的国君同姓姬。周礼规定，同姓不通婚，昭公娶同姓女，是违礼的行为。

吴孟子：鲁昭公夫人。春秋时代，国君夫人的称号，一般是她出生的国名加上她的姓，但因她姓姬，故称为吴孟子，而不称吴姬。

【译文】

陈司败问："鲁昭公知礼吗？"孔子说："知礼啊。"孔子出来后，陈司败向巫马期行揖礼后，对他说："我听说君子不偏私，难道君子会护短吗？鲁君娶了吴国同姓女子为夫人，与国君同姓，称她为吴孟子。若鲁君算是知礼，还有谁不知礼呢？"巫马期把这句话告诉了孔子。孔子说："我真是幸运，如果有错，人家一定会知道。"

【感悟做人】

不要把仪当成礼，礼是仁的外显。

鲁昭公娶同姓女为夫人，违反了礼的规定，而孔子却说他懂礼。这表明孔子的确在袒护鲁昭公。从"为尊者讳"的角度，孔子的这种袒护也是符合"礼"的。陈司败是陈国人，故意设圈套来让孔子钻，问："昭公知礼吗？"孔子作为鲁国大夫，对自己国君娶同姓女为夫人难道不知道这是违礼的吗？但孔子不能当着外人说自己国君不知礼啊，正如"父为子隐，子为父隐。直在其中矣"一样。这就是人性之礼、君臣之礼。

陈司败还是懂得待客之礼的，觉得不便当着孔子的面当面揭穿孔子"知礼"之回答，但他真不明白孔子回答"知礼"是真正符合"礼"的，便告诉巫马期昭公不知礼的缘由，并让其转告，一则纠正孔子的错误，二则指出昭公的不知礼。孔子听后只说"丘也幸，苟有过，人必知之"，对陈司败的误会没有丝毫的怨言，还有感谢的意味，感谢他指出了自己的错误，同时暗示弟子，人们犯了错误就一定会有人知晓，不可以"有过必文"、自欺欺人。

孔子在陈司败面前是鲁国人，自然要维护本国国君的形象，回答"知礼"是合礼的。就如同在旁人前面，我们都说自己父母亲很好一样，这是人性的自然流露，合礼。而在学生面前，孔子的身份是老师，起着教化人的作用，说"丘也幸，苟有过，人必知之"是在教育学生无须辩驳，至诚而率真，坚定而灵活，圣人的形象朴实而高明。

13. 子曰："恭而无礼则劳，慎而无礼则葸，勇而无礼则乱，直而无礼则绞。君子笃于亲，则民兴于仁；故旧不遗，则民不偷。"

【注释】

劳：辛劳，劳苦。

葸：拘谨，紧张，小心翼翼的样子。

绞：直来直去、说话刻薄，出口伤人，对方心中有像被"拧"住、解不开的感觉。

笃：厚待、真诚。

故旧：故交，老朋友。

偷：薄情寡义。

【译文】

孔子说："有恭敬心却不依礼行事则辛劳无功；谨慎而不依礼行事则紧张、拘谨、放不开；勇敢而不依礼行事就会导致祸乱；耿直而不依礼行事则会使对方尴尬如绞。在上位的人厚待自己的亲人，老百姓就会起兴仁的风气；君子不遗弃老朋友，百姓就不会薄情寡义。"

【感悟做人】

道德仁义、恭慎勇直、忠信廉耻都要通过"礼"表达出来。

德有全相，有分相。此章中"恭""慎""勇""直"等都是德的分相，是德目。这些德目不是孤立的，而是一体的，只是根据情景表现的重点不同罢了。这些德目都是好的，但不依"礼"而行，则会出现不良后果。只有在"礼"的规范下，这些德目的实施才能符合中庸之道，否则就会出现"劳""蒽""乱""绞",就不可能达到修身养性的目的。故从小教会孩子"洒扫应对进退"的礼节是"立德树人"的基本功,《弟子规》及历代家训、家规可堪此重任。

这里的"君子"指"位"言,在上位者做什么,在下位者就会学什么。上位者实实在在地孝敬老人,下位者就兴仁爱之风,民风淳朴而厚重。在上位者对故友、故臣照顾入微,则百姓中没有虚情假意、薄情寡义之人。《大学》言"一家仁,一国兴仁;一家让,一国兴让"正是此意。

14. 曾子有疾,孟敬子问之。曾子言曰:"鸟之将死,其鸣也哀;人之将死,其言也善。君子所贵乎道者三:动容貌,斯远暴慢矣;正颜色,斯近信矣;出辞气,斯远鄙倍矣。笾豆之事,则有司存。"

【注释】

孟敬子:鲁国大夫仲孙捷。

问之:一说前来探望其病情;另一说,孟敬子探病之余问如何修德。若只探病,曾子不会无缘无故谈及修身之细节来,有好为人师之嫌。孟敬子问之,曾子对之,从后说。

动容貌:使自己的内心感情表现于面容。

暴慢:暴,粗暴、急躁。慢,怠慢、放肆。心中无暴慢,无大小,无敢慢,泰而不骄。

正颜色:使脸色正。内心正,使颜色与内心一致。心正为本,色正为末。令色则心色。

出辞气:辞,言语。指注意说话的言辞和口气。

鄙倍:鄙,粗野。"倍"同"背",背理。

笾豆之事:笾和豆都是古代祭祀和典礼中的用具。

有司:指主管某一方面事务的官吏,这里指主管祭祀、礼仪事务的官吏。

【译文】

曾子有疾，孟敬子去看望他。曾子对他说："鸟快死了，它的叫声是悲哀的；人快死了，他说的话是善意的。君子所应当重视的有三个方面：严肃自己的容貌，就可以远离粗暴和傲慢；端正自己的脸色，则人易信。每说一句话都要想到不要违礼，语气远离鄙俗。至于祭祀等礼节、仪式，自有主管这些事务的官吏来负责。"

【感悟做人】

关注自身修养是需要一辈子努力的。

孟敬子来看望曾子，曾子却告诉他如何修身，并以"人之将死，其言也善"作为说话的前提，以示后面言语的重要。在后面的言语中，可以分为两个部分来分析：第一部分谈修身（动容貌，斯远暴慢矣；正颜色，斯近信矣；出辞气，斯远鄙倍矣），第二部分谈为政（笾豆之事，则有司存）。

先谈第一部分：人的肢体动作、言谈脸色、亲切怠慢都是我们内心的真实反映。内心正，则容色正；内心亲，则言语亲；内心假，则容色假。内心与容色一定是一致的。只是我们的智慧不到，无法察觉到在我们面前弄虚作假和"巧言令色"之人。曾子在告诉孟敬子的同时，也告诉我们，三件事在人一生中很重要。凡严肃自己的容貌时，都要想到远离粗暴、怠慢。人往往被习气所困，被情绪所迁，无法按礼行事，故而与人交流时，不经意就会行为粗暴、率性而为、态度傲慢，目无他人。第二件事，脸色要庄重，才能取得他人的信任。无论是在长辈、小孩、朋友、上司面前都一副满不在乎、自由散漫、个性十足的样子，那么别人是不会相信你说的话、做的事的。内心正则颜色正，颜色正则言语正，言语正则合乎理，合理合道才是正。这里的正不是严肃，而是庄重，是品德庄重后在颜色上的自然表露。第三件事，是说话要远离鄙倍。鄙就是粗鄙，倍就是违理。一言一行体现了我们的德行修养，我们也可以在一言一行中修炼自己的德行，使其远离鄙倍，既不粗俗也不违

礼。曾子所说的三件事情最简单也最难做：简单的是说话、表情、动作人人都会，难做的是每一个都要不逾矩，每一个都要为修德服务。这是极广大而尽精微、极高明而道中庸。

前面第一部分是说修身，是本，是近。第二部分为政，是末，是远。自身修德守礼最为重要，其他礼乐教化、祭祀典礼则有专门的礼程礼规，专人负责，自然顺理成章，无须牵挂，切勿本末倒置。

15. 子曰："麻冕，礼也；今也纯，俭，吾从众。拜下，礼也；今拜乎上，泰也。虽违众，吾从下。"

【注释】

麻冕：麻布制成的礼帽。

纯：丝绸，黑色的丝。

俭：俭省。麻冕费工，用丝则俭省。

拜下：大臣面见君主前，先在堂下跪拜，再到堂上跪拜。

泰：这里指骄纵、傲慢。

【译文】

孔子说："麻布的礼帽，合于礼。现在都用丝绸制作，比麻冕省工，我跟从众人。（臣见国君）应在堂下跪拜，这是礼，现在大家都直接上堂后才跪拜，这是骄泰的表现。虽我与大家的做法违背，我还是主张先在堂下拜，上堂再拜。"

【感悟做人】

礼是为了表达内心的恭敬，而不是为了外在的统一。

子曰："君子之于天下，无适也，无莫也，义之与比。"孔子被称为"圣之时者也"，从本章中孔子的表现也能看出一二。对于礼的变化，孔子与时俱进、圆融周变，但也有原则规矩，而不是随波逐流、失去主张，更不是从众媚俗、随意跟风。礼帽从麻制变成了丝制，这样做用工简单、省时省力，孔子跟随大众而不固步自封、顽固不化，表现出其具有灵活性的一面；但对于君臣之礼而言，表达的是恭敬，本应"拜下"的，众人却不去做，等到堂上再"拜上"，这是臣的恭敬心在减退，是骄泰，是违礼，虽然与大家不同，但他仍坚持"拜下"。

孔子"违众"拜下是很遭众人排斥的行为，会受到同僚的排挤，会出现"事君尽礼，人以为谄也"的情况，但孔子一生遵从的是依礼而行，非依众而行，当仁不让于师（师，多数人、众人义）。这就是孔子的担当，这就是"仁以为己任，不亦重乎？"的具体表现。

16. 子见齐衰者、冕衣裳者与瞽者，见之，虽少，必作；过之，必趋。

【注释】

齐衰：音 zī cuī，丧服，古时用麻布制成。

冕衣裳者：冕，官帽；衣，上衣；裳，下服，这里统指官服。"冕衣裳者"指尊者。

瞽：盲人。

作：站起来，表示敬意。

趋：快步走，表示敬意。

【译文】

孔子遇见穿丧服的人、当官的人和盲人时，相见的时候，他们虽然年轻，（但孔子还是很尊敬他们）一定要站起来；若从他们面前经过时，一定要快步走过。

【感悟做人】

礼是自己仁德的表达，不是表演给别人看的。

孔子在丧者、官者和盲者面前都会依礼而行、敬意有加，表现了孔子内心真诚、表里如一的圣人情怀。《礼记·曲礼》有云："道德仁义，非礼不成。"内心的诚敬一定会通过外在的礼展现出来，如此才是相得益彰、文质彬彬。孔子在这三类人面前一定"必作，必趋"，分别表达的是同情、恭敬和尊敬。无论他们是小人还是君子，无论他们是富贵还是贫贱，无论他们是年长还是年少，只要处于"丧、官、瞽"的位，孔子就心生恻隐、心生怜悯、心存敬意，不会因为对方是盲人而不行礼，不会因为他年龄小而不行礼，不会因为担心别人说谄媚官员而不行礼。行礼不是做给别人看的，而是为了表达自己内心的"敬"而自然表露的。

参考文献

［1］钱穆．论语新解［M］．北京：生活·读书·新知三联书店，2012．

［2］马一浮．复性书院讲录［M］．杭州：浙江古籍出版社，2012．

［3］彭林．中华传统礼仪概要［M］．北京：高等教育出版社，2006．

［4］董金裕，陈训章．中华文化基础教材［M］．北京：中华书局，2013．

［5］南怀瑾．论语别裁［M］．上海：复旦大学出版社，2005．

［6］李里．论语讲义［M］．桂林：广西师范大学出版社，2007．

［7］李炳南，徐醒民．论语讲要［M］．武汉：长江文艺出版社，2011．